Laila Bosco

Glücksorte in Luzern

Fahr hin & werd glücklich

Dieses

Glücksbuch

ist für

Liebe Glücksuchende,

würde das Glück sich irgendwo niederlassen, es wäre hier in Luzern. In einem hübschen Häuschen am Vierwaldstättersee mit einem atemberaubenden Blick in die Zentralschweizer Bergwelt. Jedes Mal, wenn ich durch meine Stadt streife und mir unser Hausberg Pilatus zwischen den Häuserzeilen hindurch zuzwinkert, realisiere ich mein Glück: dort wohnen zu dürfen, wo andere Urlaub machen.

Im Lied „Ich liebe dich, Faber“ singt der Schweizer Sänger Faber: „Vom Himmel brennt d’Sunne. Und ich brenn für dich.“ Kein anderer Satz beschreibt meine Liebe zu Luzern besser. Wenn ich am See entlangspaziere und mir die Sonne warm ins Gesicht scheint, kann ich gar nicht anders als glücklich sein. Ich brenne für diese Stadt und bin dankbar, sie mein Zuhause nennen zu dürfen.

Die in diesem Buch getroffene Auswahl an Glücksorten vereint das Schönste an Stadterlebnis, See und Berge. Und alles was dazwischenliegt. Denn der wahre Charme von Luzern lässt sich nur schwer in Worte fassen. Er muss erlebt werden. Ich hoffe, dass ich mit meinen ausgewählten Glücksorten den Besuchenden, Zugezogenen sowie Einheimischen dieser wundervollen Stadt ein Lächeln auf die Lippen zaubern kann.

Viel Spaß beim Lesen, Erkunden und Verlieben.

Ihre Laila Bosco

Deine Glücksorte …

... noch mehr Glück für dich

Kopfüber in den Sommer

1 Strandfeeling im Luzerner Lido

Leben, wo andere Ferien machen. Genauso fühlt sich Luzern an. Die schmucken Gassen, weitläufigen Plätze, altehrwürdigen Renaissancegebäude und das türkis glitzernde Wasser tragen maßgeblich zu diesem Gefühl bei. Luzern versprüht italienischen Zauber und kombiniert das Schönste von Mailand, Florenz und Verona. Und auch wer italienisches Strandfeeling sucht, wird in Luzern fündig. Das Strandbad Lido ist nicht nur das älteste Strandbad Luzerns, es besitzt auch mit 300 Meter Länge den längsten Sandstrand der Leuchtenstadt. 300 Meter Sommer, Sonne und Badespaß. Auch Pollengeplagte können im Lido wortwörtlich etwas aufatmen. Im Gegensatz zu den anderen Luzerner Badeplätzen sonnen sich Menschen hier nicht in der pollenbestückten Wiese, sondern im weichen Sand. Hinter dem Sandstrand befinden sich schattige Rasenflächen zum Entspannen, das romantische Holzfloß lockt zum Sonnen und wer die totale Erfrischung sucht, stürzt sich kopfüber vom Sprungturm ins kühle Nass des Vierwaldstättersees.

TIPP

Ermäßigter Eintritt über Mittag und ab 17.00 Uhr.

Da Schwimmen bekanntlich hungrig macht, hat das Lido gleich einen gesamten Food-Tempel ans Seeufer gezaubert. Das Lido Beach House besticht nicht nur mit einer riesigen kulinarischen Auswahl, sondern auch mit seiner großzügigen Terrasse, welche bis zum Sonnenuntergang mit schimmernden Sonnenstrahlen verwöhnt wird. An der Seaside Bar locken saisonale Drinks und klassische Cocktails, auf dem BBQ-Grill brutzeln Burger und Würste und im „Foodmarket" warten saisonale Gerichte und leckere Snacks auf die Badegäste. Wer lieber auf seinem Strandtuch einen Happen essen will, ergattert sich beim Take Out eine der ofenfrischen Pizza-Slices von La Bestia oder ein Eis von Luzerns Kult-Gelateria, der Gelateria dell'Alpi. Ja, mit Pizza, Gelato und Strandfeeling trennen wirklich nur noch die Alpen das Lido von Italien.

- Strandbad Lido, Lidostrasse 6A, 6006 Luzern, Tel. +41 (0)41 3 70 38 06 www.lido-luzern.ch
- ÖPNV: Bus 6, 8, 24, Haltestelle Verkehrshaus/Lido

Treppe ins Glück

2 Der Kornmarkt mit seinem Rathaus

Nicht oft geben die alten Altstadtmauern den Blick auf die Reuss und die gegenüberliegende Flussseite frei. Wenn sie es dann einmal tun, dann hält die Kamera nichts mehr in der Tasche. Der wohl schönste Ausblick präsentiert sich auf dem Kornmarkt. Die großzügige Rathaustreppe öffnet prachtvoll den Blick in die Ferne. Unten bringt der Rathaussteg mit seinen schnörkeligen schmiedeeisernen Geländern die Menschen trocken über die Reuss. Auf der anderen Flussseite erhebt sich das klassizistische Luzerner Theater.
Wo die Rathaustreppe ist, kann das Rathaus nicht weit sein. Dieses vereint gekonnt italienische Renaissance- mit einheimischen Formelementen. So ähnelt die gegen die Reuss gerichtete Gebäudefront einem mailändischen Palazzo, während die Dachform doch eher an ein Luzerner Bauernhaus erinnert. Unter den offenen Arkaden, in Luzern auch „Unter der Egg" genannt, schreibt das Luzerner Leben seine täglichen Geschichten. Hier findet der Wochenmarkt statt, bei der Rathausbrauerei treffen sich die Einheimischen zum Feierabendbier und während der Weihnachtszeit schmiegen sich Fondue-Gourmands in die warmen Decken des Zunfthausrestaurants Pfistern. Der Rathausturm blitzt dabei mit seiner roten Turmlaterne unübersehbar aus dem Meer an Altstadtdächern heraus.
Während der Fasnacht stehen aber ganz klar die Rathaustreppe und die hier feiernden Guggenmusiken im Scheinwerferlicht. Erst wer einen über den Durst getrunken hat und schon rücklings auf den Pflastersteinen liegt, entdeckt die versteckte Inschrift unter dem Hausdach am Kornmarkt 10: „Hüpfet und springet. Trinket und Singet. Denkt im Getümmel, auch an den Himmel." Ja, die Botschaft hätte nicht besser platziert werden können.

- Kornmarkt und Rathaus, Kornmarkt 3, 6004 Luzern
- ÖPNV: Bus 1, 6, 7, 8, 14, 19, Haltestelle Schwanenplatz

Zunftbaus

Tausend Schichten

3 Kulinarische Pause im Mill'Feuille

Der Name Mill'Feuille suggeriert bereits, welch süße Überraschung sich im Inneren des schmucken Restaurants am Mühlenplatz versteckt. Wie eine Cremeschnitte besitzt auch das Restaurant viele herzhafte Schichten. Das Mill'Feuille ist Restaurant, Café und Bar zugleich und liegt in schönster Lage direkt an der Reuss. Die Sonne scheint den ganzen Tag durch die großzügigen Scheiben des Wintergartens, welcher schon fast über dem glitzernden Wasser der Reuss zu ragen scheint. Kein Wunder, dass die Fensterplätze zu den beliebtesten im ganzen Café gehören. Bei schönem Wetter tummeln sich zudem viele Sonnenhungrige auf dem großen Außensitzplatz und genießen den Blick auf die Spreuerbrücke und die Fontäne des Kleinkraftwerkes.

Das fast ausschließlich aus Holz gefertigte Interieur des Mill'Feuilles versprüht heimelige Wärme und lädt ab dem ersten Schritt ins Restaurant zum Wohlfühlen ein. Mintfarbene Wände, goldene Lampen und der gezielte Einsatz von Betonflächen verleihen dem trendigen Treffpunkt, in Kombination mit dem leicht türkisfarbenen Wasser vor der Haustüre, eine schlichte und zugleich ästhetische Eleganz. Auch wenn sich der Besuch im Mill'Feuille schon allein wegen der Inneneinrichtung und der Atmosphäre lohnt, zahlt sich ein Blick in die Speise- und Getränkekarte aus. Ein reichhaltiges Frühstück mit Lachsbagel, süßem Fruchthummus oder Waffeln wird täglich serviert, am Sonntag sogar bis in den späten Nachmittag. Und auch bei der großen hausgemachten Limonadenauswahl fällt die Entscheidung schwer. Ob Kaffeekultur oder Apéro, leichtes Mittagessen oder Fünf-Gänge-Menü zum Abendessen, im Mill'Feuille wird alles zelebriert. Das vielfältige Angebot des Restaurants wird sehr geschätzt und auch rege genutzt. Nur bei der Dessert-Auswahl ist die Entscheidung schnell getroffen: natürlich das hausgemachte Mill'Feuille.

TIPP

Brunchen auf dem Außensitzplatz mit der Sonne im Gesicht.

- Restaurant Mill'Feuille, Mühlenplatz 6, 6004 Luzern, Tel. +41 (0)41 410 10 92 www.millfeuille.ch
- ÖPNV: Bus 2, 9, 12, Haltestelle Kasernenplatz

Melodien der Natur

4 Auszeit im Dreilindenpark

Auf einem Hügel östlich der Stadt Luzern ruht andächtig der Dreilindenpark. In Luzern ist das schmucke Stück Erde wohl besser bekannt als Konsipark und als ehemalige Heimat der Luzerner Musikhochschule. Die steile Treppe zum Park wird im Frühling von pinkfarbenen Kirschbäumen umrahmt, welche ihre zarten Knospen sanft Richtung Sonne strecken. Oben angekommen, mutet bereits das historische Eingangstor wie eine Reise in die Vergangenheit an. Die ersten Meter Richtung Park führen durch eine Allee aus meterhohen Bäumen. Unter den Füßen knistern die Kieselsteine und der Blick bleibt sofort am Panorama kleben. Einmal mehr genießen die Parkbesuchenden einen unverbauten Blick über das Luzerner Seebecken und die mächtigen Zentralschweizer Berggipfel. Eine Hauptattraktion gibt es im größten Park der Stadt Luzern jedoch nicht. Hier hat alles Star-Charakter. Neben der schlossähnlichen Villa Vicovaro befinden sich ein Ökonomiegebäude, ein Pförtnerhaus, eine künstliche Tor-Ruine, Marmorskulpturen und sogar eine Grotte in der Parkanlage. Die Gebäude gleichen allesamt Schlössern oder Burgen und es fehlt nur noch ein ausgebüxtes Burgfräulein, das bei Sonnenuntergang über die frisch gemähte Wiese rennt, um die Zeitreise in die Vergangenheit komplett zu machen.

Spannende Geschichten aus vergangenen Zeiten vermag sicher auch die rund 200 Jahre alte Linde zu erzählen. Wie vielerorts bildete die Linde einst den Mittelpunkt des Ortes. Tanzfeste wurden unter ihrem riesigen Blätterdach veranstaltet. Und auch wenn heute keine tanzenden Gesellschaften mehr unter der Baumkrone herumwirbeln, so tanzen und funkeln am Abend immerhin die letzten Sonnenstrahlen wie kleine Mosaiksteinchen durch die Blätter. Die Klavier- und Geigenklänge der Musikstudierenden mögen zwar ebenfalls verstummt sein. Wer aber die Augen schließt, kann sich voll und ganz in den raschelnden und zwitschernden Symphonien der Natur verlieren.

- Dreilindenpark, Dreilindenstrasse 93, 6006 Luzern
- ÖPNV: Bus 14, Haltestelle Konservatorium

Fotomotiv Nummer 1

5

Die weltberühmte Kapellbrücke mit Wasserturm

Die hölzerne Kapellbrücke mit dem achteckigen Wasserturm ist für Luzern das, was der Eiffelturm für Paris ist: Wahrzeichen, Kulturdenkmal und der Grund, warum jährlich viele Menschen, teils kilometerweit, für ein Selfie anreisen. Auch Einheimische können sich kaum sattsehen am massiven Turm, der ganz selbstverständlich aus der Mitte der Reuss 35 Meter in die Höhe ragt und mit seinem achteckigen Grundriss eine Seltenheit darstellt. Der Wasserturm prägt seit dem 13. Jahrhundert das Luzerner Stadtbild – rund 100 Jahre später wurde die benachbarte Holzbrücke erbaut, welche heute als die älteste noch erhaltene mittelalterliche Holzbrücke Europas gilt. Wer in Luzern zu Besuch ist, kommt fast nicht daran vorbei, einmal oder am besten zweimal über die weltbekannte Kapellbrücke zu laufen. Und dabei nicht vergessen, nach oben zu schauen! Im Giebel der Brücke stellt ein imposanter Bilderzyklus mit dreieckigen Gemälden die wichtigsten Szenen der Schweizer Geschichte dar. Solche Bildergeschichten sind im öffentlichen Raum selten anzutreffen und auch dreieckige Bilder finden sich kaum in der Kunstgeschichte.

TIPP
Stadtführung buchen und das Innere des Wasserturmes besichtigen.

So einmalig die Form des Wasserturms und die Wandbilder im Brückendach sind, so spektakulär sind auch die verschiedenen Perspektiven auf die berühmte Sehenswürdigkeit. Von der Reussbrücke aus präsentiert sie sich in ihrer vollkommenen Länge und Schönheit, während sie vom Rosengart-Platz aus vor der Pilatus-Skyline glänzt. Die Kapellbrücke ist viel mehr, als einfach eine Flussüberquerung. Sie ist tief in die DNA der Stadt gemeißelt und hat Luzern durch schöne und weniger schöne Zeiten begleitet. Und so viele Geschichten, wie sie die Kapellbrücke und der Wasserturm die letzten Jahrhunderte erlebt haben, so viele Geschichte werden auch die Menschen aus Luzern wieder mit nach Hause nehmen.

- Kapellbrücke mit Wasserturm, 6002 Luzern, www.kapellbruecke.com, Stadtführung, www.luzern.com/de/erleben/fuehrungen
- ÖPNV: diverse Linien, Haltestelle Bahnhof

Im siebten Eishimmel

6

Glück schlecken in der Gelateria dell'Alpi

Ciao Amore! In der Gelateria dell'Alpi erscheint das Glück in Form eines Cornettos und schmilzt genussvoll auf der Zunge. Schon einmal Black Sesame Gelato, Farina Bona oder Sanddorn Sorbetto probiert? In der Luzerner Kultgelateria gibt es neben den klassischen Varianten wie Stracciatella oder Erdbeere auch extravagante Geschmäcker. Die Eissorten werden regelmäßig neu ausgetüftelt und interpretiert. Die Milch für die luftig-zarten Eiskugeln stammt von einem kleinen lokalen Bauern aus dem Luzerner Hinterland. Der Gelateria ist es ein Anliegen, dass alle Produkte regional und ohne künstliche Inhaltsstoffe hergestellt werden. Menschen mit einer veganen Ernährungsweise freuen sich über viele vegane Sorten, wie Haselnuss mit Reismilch oder Schokolade mit Sojamilch. Und auch die frisch gebackenen Waffeln gibt es als köstliche hausgemachte vegane Alternative.

TIPP

Lust auf mehr? Die Eissorten können auch im Halbliter-Behälter mit nach Hause genommen werden.

Die süßen Versuchungen der Gelateria dell'Alpi locken gleich neben dem weltberühmten Löwendenkmal. So lässt sich das wohlverdiente Eis in der heißen Sommerzeit im Schatten spendenden Park des Löwendenkmals genießen. Oder natürlich to go bei einem Spaziergang durch die Luzerner Altstadt oder entlang der sonnenverwöhnten Seepromenade. Doch auch in ausgewählten Luzerner Restaurants und Bistros finden sich die zartschmelzenden Eissorten und sogar ganze Eisbecher auf der Karte. Mit Bechernamen wie Gianna Banani und Adriano Gelatano zeigt sich einmal mehr die humorvolle Seite der Gelateria. Doch die Gelateria kann auch salzig. Immer wieder überrascht sie ihre Gäste mit neuen kulinarischen Angeboten. Beispielsweise mit Luzerner Momos aus Schweizer Zutaten oder einer „Hot Doggeria", welche neben den klassischen Würstchen auch eine Vegi-Variante zum Knabbern anbietet. Und in der kalten Jahreszeit füllen sich die Eisbehälter in der „Sockeria dell'Alpi" mit einer kunterbunten Auswahl an Socken.

- Gelateria dell'Alpi, Denkmalstrasse 11, 6006 Luzern
  www.alpineum.lu/gelateriadellalpi
- ÖPNV: Bus 1, 19, Haltestelle Löwenplatz

Gelateria
dell'Alpi

Highway für Zweiräder

7 Freigleis – Luzerns angesagtester Fahrradweg

Wo sich früher keuchende, tonnenschwere Dampflokomotiven durch das Quartier geschleppt haben, flitzen heute Fahrräder und E-Bikes von und nach Luzern-Süd. Über 100 Jahre lang rollten hier auf den Gleisen die Züge der Brünigbahn vom Brünig nach Luzern. 2012 erhielt die Zentralbahn eine unterirdische Linie und das brachliegende Schienenbett wurde zu einem drei Kilometer langen Highway modifiziert, dem heutigen Freigleis. Der Taufname spielt auf die frühere Nutzung an und symbolisiert zudem das Freiheitsgefühl, welches beim Fahrradfahren entsteht. Außerdem wurde die Strecke nicht nur für Fahrradfahrende, sondern auch für Fußgängerinnen und Inlineskater „frei gemacht".

Die neue Fahrradroute sorgt nun für eine direkte Verbindung zwischen dem Neubad in der Neustadt und dem Mattenhof in Kriens. Verschiedene Lokalitäten laden unterwegs zum Verweilen und Ausspannen ein. Gleich beim Start in der Neustadt begrünen Wildblumen und Sitzkisten mit Birken die Fahrradachse. Hervorragenden Kaffee gibt es beim Café Tacuba. Die nachhaltige Mikrorösterei legt großen Wert auf die hohe Qualität ihrer Kaffeebohnen, die reichen Geschmacksprofile und die fairen Arbeitsbedingungen ihrer Kaffeebauern in El Salvador. Ein paar Pedaltritte weiter vorne wartet das Kulturhaus Südpol. Das Mehrspartenhaus ist das Zentralschweizer Zentrum für Kultur und vereint Tanz, Theater, Performance, Konzerte und Club. Wer zur Mittagszeit vorbeiradelt, findet im Mittagsbistro eine abwechslungsreiche Mischung aus traditioneller Schweizer Küche, lateinamerikanischen Klassikern und südostasiatischen Gerichten. Auch das Naturschutzgebiet Allmend und die Horwer Halbinsel sind dank dem Freigleis nun optimal für die Stadtbevölkerung erschlossen. Und wer unterwegs stecken bleiben sollte, findet Velopumpen und Servicestationen entlang des Highways.

- Freigleis, 6003 Luzern, Start beim Neubad, Bireggstrasse 36, 6003 Luzern
- Fahrradverleih, z. B. „Rent a bike" am Bahnhof Luzern (www.rentabike.ch) oder diverse Nextbike-Stationen (www.nextbike.ch)

Zauberhafter Garten

8 Märchenbuchstimmung in der Villa Krämerstein

Es sind Orte wie die Villa Krämerstein, welche die Stadt Luzern so unbeschreiblich bezaubernd machen. Bezaubernd trifft es hier nämlich ganz besonders. Diese Perle scheint wirklich direkt aus einem Märchenbuch gehüpft zu sein. Die klassizistische Villa aus dem 18. Jahrhundert grenzt an einen malerischen Wald und verzückt mit einer französisch inspirierten Parkanlage, einem öffentlich zugänglichen Badeplatz und einem Brunnen mit griechisch anmutenden Statuen. Die feuerroten Blätter des Rotahorns bringen Farbtupfer auf die grüne Liegewiese, mächtige Mammutbäume überblicken die altehrwürdige Villa und nostalgische Laternen erinnern an einen noblen Jardin in Paris. Zwischen Rosengarten, Hortensien und kristallklarem Wasser verweilen Paare im Gras und lauschen dem Rascheln der Bäume. Andere lesen auf einer Parkbank verträumt in ihrem Buch, während sich nebenan ein Yogi seinem Yogaflow hingibt. Ein erfrischendes Bad im türkisfarbenen Nass gibt's bei der Liegewiese und etwas versteckter, bei der Anlegestelle des Bootshauses. Gleich daneben führt eine mit Blättern umrahmte, kleine Plattform ins Wasser hinaus. Ein erster Kuss bietet sich hier genauso an, wie ein Erinnerungsfoto vom gegenüber thronenden Bürgenstock.
Während die Villa Krämerstein mit ihrer imposanten Terrasse majestätisch auf einer Anhöhe ruht, liegt das „Haus am See" eingebettet zwischen Waldrand und Seeufer. Der kleine, charmante Riegelbau dient heute Kunstschaffenden und Forschenden als Rückzugsort und Inspirationsquelle. Vielleicht schreibt eine Schriftstellerin ihren ersten großen Roman in diesem Haus. Vielleicht trinkt Schneewittchen aber auch mit ihren sieben bärtigen Genossen gerade einen kühlen Holunderblütensirup am Küchentisch. So oder so weht stets ein Funken Magie durch die verträumte Gartenanlage der Villa Krämerstein.

- Villa Krämerstein, St. Niklausenstrasse 59, 6047 Horw
- ÖPNV: Bus 21, Haltestelle Krämerstein

Kulinarik der Alpen

9 Lokaler Genuss im Culinarium Alpinum

Im ehemaligen Kapuzinerkloster in Stans hat das kulinarische Erbe der Alpen seine Heimat gefunden. Der Ort lebt vom Austausch zwischen den Schnapsbrennerinnen, Bauern, Metzgerinnen und Sommeliers, die ihr Wissen weitergeben und die Zukunft des kulinarischen Kulturraumes mitprägen. Und von den interessierten Gästen, welche sich im Restaurant durch den Alpenraum probieren, in den Workshops ihr kulinarisches und handwerkliches Wissen erweitern, im kühlen Natursteinkeller dem würzigen Alpsbrinz beim Reifen zusehen oder im Hofladen ein Stück Alpen als Souvenir mit nach Hause nehmen. Der spannendste Wissenstransfer kommt vor allem in den Themenwochen zum Zug. Beispielsweise wenn während der Wildpflanzen-Woche eine Wildpflanzen-Tavolata inklusive Wanderung angeboten wird.

TIPP
Nach dem Besuch noch durch das historische Dörfchen Stans schlendern.

Im Klostergarten gedeihen währendessen über 500 spezielle Obst- und Beerensorten sowie ein schöner Kräutergarten. Hier in der „Essbaren Landschaft“ ist Naschen nicht nur erlaubt, sondern sogar erwünscht! Entlang der Klostermauer erstreckt sich eine einzigartige alpine Spalier-Birnensammlung. In der Sonne ranken rosafarbene Johannisbeersorten, wie die „ Verrière Blanche“ und pralle japanische Susinen, welche in der Schweiz bisher noch weitgehend unbekannt sind, sich aber wunderbar für diese Breitengrade eignen würden. Die kulinarische Vielfalt der Alpen lässt sich aber am besten im hauseigenen Restaurant oder auf der Außenterrasse mit Blick auf die beiden Hausberge Buochserhorn und Stanserhorn genießen. Unverfälschte, regionale Produkte aus der Innerschweiz und dem nahen Alpenraum prägen die mit Liebe zusammengestellte Speise- und Getränkekarte.
Wer von der ganzen kulinarischen Vielfalt und dem gestillten Wissensdurst schläfrige Auge bekommen hat, übernachtet in einem der 14 wunderschön renovierten Zimmer der Herberge. Die Beeren und Früchte für das Frühstück pflücken die Gäste am nächsten Morgen gleich selbst im Klostergarten.

- Culinarium Alpinum, Mürgstrasse 18, 6370 Stans, Tel. +41 (0)41 6 19 17 17
www.culinarium-alpinum.com
- ÖPNV: Zug S4 oder IR nach Stans

Leuchtturm-Momente

10 Die imposante Hofkirche St. Leodegar

Ein Gewitter braut sich über Luzern zusammen. Dunkle Wolken ziehen auf, das Blätterrascheln der Bäume wird immer intensiver, der Wind zieht scharf um die Häuserecken. So schnell wie sich Donner und Sturm entladen, so schnell beruhigt sich der Himmel wieder. Einzelne Regentropfen treffen noch auf den abgekühlten Boden, Grashalme schwingen locker im Rhythmus eines lauen Lüftchens und in der Ferne nimmt ein Alphorn seine Melodie wieder auf. Tosender Applaus breitet sich aus.

Etwa so erleben die Besucherinnen und Besucher das gänsehautproduzierende Orgelkonzert in der Hofkirche St. Leodegar. Das „Orgelgewitter" wird frei improvisiert vom Hoforganisten vorgetragen. Mit Händen, Füßen und Ellbogen galoppiert er über die Klaviertasten, bedient Pedale und bringt die weltweit einzige Regenmaschine zum Tanzen. Auch architektonisch ist die Mutterkirche der Stadtbevölkerung ein richtiger Augenschmaus und vereint drei Epochen: Die markanten Kirchentürme sind gotisch, zeigen aber noch romanische Bauelemente, der weiße Mittelteil mit seinem rundbogigen Tor stammt aus der Renaissance und die Giebel sind Barock. Die wilde Palette an Baustilen und Eindrücken geht im Inneren der Kirche weiter. Der imposante Hochaltar verdankt sein mächtiges Erscheinungsbild dem schwarzen Marmor, welcher in einem Steinbruch am Stanserhorn gewonnen wurde. Ebenfalls eindrucksvoll ist die mit farbigen Ornamenten versehene Schatzkammer, welche einen der ältesten und wichtigsten sakralen Schätze der Schweiz hütet.

Wie zwei schlanke Leuchttürme weisen die Türme der Hofkirche St. Leodegar den Weg durch die Leuchtenstadt. Ein Blick in die Weite reicht, um die beiden Turmspitzen mit dem goldenen Hahn und dem Lilienkreuz zu erkennen und sich wieder in der Stadt orientieren zu können. Und wer besonders gute Ohren hat, hört vielleicht sogar den Klang des Orgelgewitters durch die Gassen der Altstadt wehen.

TIPP

Die mystische Stimmung im Park hinter der Hofkirche auf sich wirken lassen.

- Hofkirche St. Leodegar, St. Leodegarstrasse 6, 6006 Luzern
- ÖPNV: Bus 1, 6, 8, 19, 24, Haltestelle Luzernerhof, Bus 7, 14, Haltestelle Wey

Hoch die Tassen!

11 Frecher Kaffee im Café Kaffeekranz

Hier bleibt keine Gehirnzelle träge und kein Auge müde. Das Café Kaffeekranz in der Luzerner Neustadt ist alles, was sich Koffeinbegeisterte von ihrem Lieblingscafé wünschen: gemütlich, humorvoll und mit spektakulär gutem Kaffee im Angebot. Im Kaffeekranz kennt jeder jede. Nicht weil Luzern eine Stadt mit überschaubaren 81.000 Ortsansässigen ist, sondern weil die Café-Mitarbeitenden alle Gäste wie enge Freunde behandeln. Jeder Kaffee wird mit einem Augenzwinkern und einem witzigen Spruch serviert. Es wundert also nicht, dass das Café eine treue Stammkundschaft besitzt. Die Inneneinrichtung ist so modern, wie das hiesige Neustadt-Quartier. Die Betonwände bilden einen spannenden Kontrast zum warmen Holzinterieur und die bunte Wandbemalung bringt den frechen, jungen Geist des Cafés auf den Punkt. Die Hauptrolle spielt hier aber ganz klar das schwarze Gold. Die Kaffeebohnen stammen aus El Salvador und werden frisch in der hauseigenen Kaffeerösterei geröstet, gemahlen und in himmlische luftige Cappuccini, starke Espressi und cremige Eiskaffees verwandelt. Von klassischen Blumen über Herzchen bis zu Bären – alles wird als meisterhaftes Kunstwerk in den Milchschaum gezaubert.

TIPP

Als Snack den veganen Lachs-Bagel oder den Flammkuchen probieren.

Das Café Kaffeekranz ist aber nicht nur für seinen Spezialitätenkaffee bekannt. Umso näher der Abend rückt, umso mehr werden Kaffeetassen gegen Weingläser ausgetauscht. Jetzt schleichen sich die auserlesenen, rein biologischen Weine auf die große Bühne. Wer Grauburgunder, Crémant und Sauvignon Blanc im kulinarischen Kontext kennenlernen möchte, reserviert sich einen Platz beim begehrten „Wine & Dine“. Der gesellige Abend lockt mit einem Vier-Gänge-Menü inklusive Apéro und passender Weinbegleitung. Alles saisonal und lokal produziert, versteht sich. Und wer jetzt immer noch nicht genug vom Kaffeekranz hat, erwirbt die frisch gerösteten und gemahlenen Kaffeebohnen für die eigene Kaffeemaschine zu Hause.

- Kaffeekranz, Claridenstrasse 4, 6003 Luzern, Tel. +41 (0)41 2 01 34 20 www.kaffeekranz.ch
- ÖPNV: Bus 1, 11, 14, 20, Haltestelle Paulusplatz

Luzerns großer Bruder

12

Pilatus – der Luzerner Hausberg

Der Pilatus trägt viele Namen: Luzerner Hausberg, Drachenberg oder auch „Pilu", wie ihn die Luzerner Stadtbevölkerung liebevoll nennt. Majestätisch erhebt er sich direkt neben der Stadt. Egal ob auf dem Weg zum Einkaufen oder während der morgendlichen Joggingrunde am See: Der Pilatus ist immer im Sichtfeld oder blitzt unverhofft zwischen den Häuserzeilen auf. Im Frühling verstecken sich noch ein paar wenige Schneefelder in den kantigen Flanken und lassen nur noch grob einen weiß gezuckerten Winterberg erahnen. Im Sommer bilden grüne Wiesen den Kontrast zu den grauen Felskanten und locken damit auch wieder die hier ansässige Steinbock-Familie hinaus auf das unebene Gelände. Ob von der Morgenröte orange geküsst oder bei Sonnenuntergang von rosafarbenen Wolkenfetzen umwickelt: Der Pilatus ist ein echter Verwandlungskünstler.

TIPP

Wer mehr Zeit hat, reist ab Alpnachstad mit der steilsten Zahnradbahn der Welt auf den Pilatus.

Ein Hausberg wäre kein Hausberg, wenn er nicht schnell aus der Stadt zu erreichen wäre. Rund eine Stunde beträgt die Anreise mit dem ÖPNV nach Pilatus Kulm auf 2132 Metern. Ab Kriens fährt die Seilbahn im Minutentakt auf die Fräkmüntegg, wo die große Gondel die letzten Meter bis zum Gipfel überwindet. Natürlich ist der Gipfel auch mit einer Wanderung erklimmbar. Die dauert etwas länger und ist natürlich bedeutend anstrengender als mit der Bahn. Oben angekommen ist der Himmel zum Greifen nah. Eine kühle Brise verwuschelt einem die Haare, der Blick gleitet über den fjordartigen Vierwaldstättersee und das geübte Auge erkennt sogar die Berner Oberländer Eiger, Mönch und Jungfrau in der Ferne.

Der Pilatus hat irgendwie immer etwas Versöhnliches an sich. Wenn die Welt kopfsteht und sich viermal schneller zu drehen scheint als normal, dann ist der Pilatus (wortwörtlich) der Fels in der Brandung. Wie ein großer Bruder schaut er besonnen auf die Stadt Luzern herab. Und die Gewissheit, dass er immer da stehen wird – egal wie turbulent oder still Luzern sich gerade zeigt –, hat irgendwie etwas Beruhigendes an sich.

- Aufstieg nach Pilatus Kulm: mit der Zahnradbahn ab Alpnachstad oder mit der Luftseilbahn ab Kriens, Tel. +41 (0)41 3 29 11 11, www.pilatus.ch
- ÖPNV: Zug S5 nach Alpnachstad, dann Zahnradbahn oder Bus 1, 21, Haltestelle Kriens, Zentrum Pilatus, 5 Minuten Fussweg bis zur Luftseilbahn

Kleines Hotel ganz groß

13 Übernachten im Hotel Beau Séjour

Umrahmt von den noblen Luzerner Grand Hotels entzückt das Hotel Beau Séjour seit 1875 mit seiner eigenen Grandezza. Das schmucke Belle-Époque-Haus liegt gleich am funkelnden Vierwaldstättersee und verfügt über 28 Hotelzimmer – jedes individuell eingerichtet und mit viel Liebe fürs Detail gestaltet. Pittoreske Tapeten aus den 1930er-Jahren, Badezimmerfliesen aus den 1970ern, funkelnde Kronleuchter und historische Fischgrät- und Sternparkettböden dokumentieren die Vergangenheit des „Petit Grand Hotels“. Moderne Elemente brechen die traditionelle Einrichtung, wobei mit der „Beau-Séjour-Collection“ sogar eine eigene, in der Schweiz produzierte Möbelkollektion entworfen wurde. Um jedem Zimmer eine eigene Handschrift zu verleihen, hat sich die Künstlerin Nina Staehli mit dem historischen Hotel-Fundus auseinandergesetzt und aus alten Telefonen, Treppenstangen oder Bilderrahmen moderne Installationen gezaubert. Die Inspiration für die Gemälde stammt hingegen von Wolfgang Herrndorfs Roman „Bilder deiner großen Liebe“.

Liebevoll eingerichtet ist auch der prächtige Kunstsalon im Parterre oder der schmucke Ballsaal inklusive Sonnenterrasse, wo das Frühstück eingenommen wird. Die Auswahl reicht von hausgemachtem Granola über Luzerner Honig bis zu Joghurt aus dem Napfgebiet. Auch der „Hotelpool“ ist dank dem Vierwaldstättersee nur einen Katzensprung entfernt. Mit wie viel Liebe das Hotel geführt wird, ist nicht nur beim Kontakt mit den zuvorkommenden Hotelmitarbeitenden spürbar. Es sind die kleinen Dinge, die das Beau Séjour zum perfekten Stadthotel für einen Tapetenwechsel machen. Ein Reiseadapter in allen Zimmern, aus Liebe zu vergesslichen Hotelgästen. Summende Honigbienen auf dem Hoteldach, aus Liebe zur Natur. Und ein pinkfarbener Aufkleber mit der Aufschrift „Ugly but cool“ auf der eher unschönen Klimaanlage, aus Liebe zum Humor. Das Hotel-Credo „True Love“ könnte also kaum besser passen.

TIPP

Liegestuhl mieten und am Ufer des Vierwaldstättersees entspannen.

- Hotel Beau Séjour, Haldenstrasse 53, 6006 Luzern, Tel. +41 (0)41 410 16 81 www.beausejourlucerne.ch
- ÖPNV: Bus 6, 8, Haltestelle Europe

Schnappschuss aus 1978

14

Die bunte Steinenstrasse und ihr Wandbild

Die bunte Häuserzeile der Steinenstrasse ist ein charmanter Mikrokosmos neben der parallel verlaufenden, viel befahrenen Zürichstrasse. In den alten, gepflegten Häusern sind das lokale Kleingewerbe, Ateliers und schnuckelige Wohnungen untergebracht. Auf den farbigen Treppen plaudern Handwerkerinnen mit Kunstschaffenden, Anwohnende mit Galeriebesitzern. Beim Spaziergang entlang der farbenfrohen Häuserzeile rückt der Trubel der Hauptverkehrsachse und des nahen Löwenplatzes in weite Ferne.

Die Straße scheint auf den ersten Blick endlos weiterzugehen, bis einem die perfekte optische Illusion auffällt. Ein 20 Meter hohes Wandbild stellt die Häuserzeile der Steinenstrasse spiegelverkehrt dar und lässt die Sackgasse künstlerisch verschwinden. Das Wandbild wurde 1978 von dem Künstler Werner Vogel kreiert, welcher selbst in der Straße wohnhaft war. Heute gilt das Riesengemälde als der letzte Zeuge der Luzerner Street-Art-Szene der 1970er-Jahre.

Das Wandbild zeigt eine Momentaufnahme von 1978. Im Vordergrund das damalige rote Auto des Künstlers sowie dessen beide Töchter spielend auf der Straße. Aus dem Fenster lehnt sich eine junge Frau, die Luzerner Künstlerin Franziska von Sägesser. Bei den Malerarbeiten habe sich scheinbar eine Anwohnerin am aufgemalten, beobachtenden Blick der jungen Frau gestört und gedroht, sie einmal mit einem Ei zu bewerfen. Damit Franziska in dem Fall auch etwas zum Zurückwerfen besitzt, hat der Künstler ihr eine Tomate auf das Fenstersims gemalt.

Als das Wandbild 2017 saniert wurde, kehrte Werner Vogel in die ikonische Straße zurück und griff zusammen mit engagierten Malerschülerinnen und -schülern selbst zu Pinsel und Mischpalette. Finanziert wurde die Sanierung unter anderem von den stolzen Anwohnenden. Denn die Steinenstrasse soll ihren speziellen Anstrich unbedingt behalten.

TIPP

Gleich auf der Parallelstraße liegt das Tassnim Orient, ein tolles libanesisches Restaurant.

- Steinenstrasse, 6004 Luzern
- ÖPNV: Bus 1, 19, Haltestelle Wesemlinrain

Fast wie auf Sardinien

15 Sommerglück beim Richard Wagner Museum

Wie schmeckt eigentlich der Sommer? Nach prallen Nektarinen, saftigen Wassermelonen, klebrigem Himbeereis, das einem über die Finger tropft, nach Sonnencreme auf der gebräunten Haut, nach frisch gemähtem Gras, nach summenden Bienen oder nach prickelndem Rosé? Im Park vor dem Richard Wagner Museum schmeckt der Sommer nach all dem. Das Museum liegt in schönster Lage auf der Tribschen Halbinsel, unweit des Luzerner Stadtzentrums, und genießt einen unverbauten Blick auf den türkisfarbenen Vierwaldstättersee und das Bergpanorama. Kein Wunder, dass der berühmte Komponist Richard Wagner diesen Fleck Erde für mehrere Jahre zu seinem Wohnort erklärte.

Die ruhigere Alternative zur benachbarten Liegewiese „Ufschötti" hat sich mittlerweile zum Kult-Badeort der Luzerner Stadtbevölkerung gemausert, ohne etwas von ihrer Friedlichkeit einzubüßen. Meterhohe Säulenpappeln säumen das Seeufer und spenden zusammen mit einer Allee an Zwetschgenbäumen den Badelustigen etwas Schatten. Auf den bunt gemusterten Strandtüchern liegen prall gefüllte Picknickkörbe und sonnenhungrige Menschen. Der Einstieg in den See führt über große Steine und gestaltet sich je nach Wasserstand etwas knifflig. Das kristallklare Wasser erinnert an die Traumstrände von Sardinien, nur schweift hier der Blick statt ins weite Meer über ein Meer an Berggipfeln. Und spätestens, wenn nach einem erfrischenden Bad die Wassertropfen über die abgekühlte Haut kullern und die Sonne einem euphorisch entgegenlacht, ist das Sommerglück komplett. Das Sommercafé neben dem Museum sorgt dabei mit hausgemachtem Eistee und leckeren Gelati für die kulinarische Erfrischung. Ganz im Sinne von Richard Wagner hauchen lokale Jazzbands dem Sommergarten jeden Freitag wieder musikalisches Leben ein. Sehr gut möglich, dass das Glück hier irgendwo mit einem Grashalm im Mundwinkel in der Wiese liegt, dem Vogelgezwitscher lauscht und die Seele baumeln lässt. Recht hätte es ja.

- Richard Wagner Museum, Richard-Wagner-Weg 27, 6005 Luzern, Tel. +41 (0)41 3 60 23 70, www.richard-wagner-museum.ch
- ÖPNV: Bus 6, 7, 8, Haltestelle Wartegg

Support your locals

16 Nachhaltig einkaufen im „the stories“

Das Bruchquartier nördlich der Neustadt erlebt in den letzten Jahren eine Blütezeit. Das neue Trendquartier rund um die Bruchstrasse verzückt mit Altbauwohnungen, kleinen Cafés und lokalem Handwerk. Eine dieser kreativen Unternehmerinnen im Quartier ist Paulina Annen mit ihrem Lifestyle-Shop „the stories“. Wer durchs Quartier streift, kann gar nicht anders als in die kleine, aber feine Boutique von Paulina einzutreten. Die minimalistische Inneneinrichtung in Kombination mit weißen und beigen Nuancen erinnert an die stylischen Designläden Kopenhagens oder Stockholms. Slow Fashion, Nachhaltigkeit und Einzigartigkeit legen das Fundament für die Philosophie von „the stories“. Alle Produkte werden in kleinen Manufakturen hergestellt und stammen von ausgewählten Labels oder aus Paulinas eigener Kollektion, welche in ihrer Heimat Litauen genäht wird. Schlichte Leinenmode, filigrane Schmuckstücke und natürliche Duftsprays finden genauso Platz wie stilvolle Dekoartikel, fair hergestellte Blusen und Schweizer Keramiktassen. Alle Produkte sind wahre Liebhaberstücke und werden in höchster Qualität, nachhaltig und nur in kleinen Mengen produziert. Allerlei Schönes geschieht aber auch außerhalb der regulären Öffnungszeiten und im Innenhof des Gebäudes. Beispielsweise wird im „Breathwork“-Workshop die Verbindung zum inneren Selbst vertieft und das eigene Selbstbewusstsein gefördert. Wer schon immer eigene handgefertigte Keramikstücke herstellen wollte, meldet sich für den Töpferkurs an und taucht für ein paar Stunden in die Welt der Töpferkunst ein. „the stories“ beglückt somit nicht nur den Kleiderschrank und das Schmuckkästchen, sondern auch Körper, Geist und Seele. Das Entzückendste an dieser Adresse bleibt aber Paulinas Lächeln, welches einem beim Betreten der Boutique schon von Weitem entgegenstrahlt.

● the stories, Kasimir-Pfyffer-Strasse 14, 6003 Luzern, www.thestories.ch
● ÖPNV: Bus 2, 9, 12, Haltestelle Hirzenhof

Prinzessin für einen Tag

17 Disney-Feeling im Schloss Meggenhorn

Bei einer Schifffahrt auf dem Vierwaldstättersee sticht sofort ein prunkvolles Schloss ins Auge. Wie aus einem Disney-Film erhebt sich das verspielte Schloss Meggenhorn auf einer Landzunge zwischen dem Luzerner- und Küssnachterbecken. Rundherum Rebberge, ein lauschiger Schlossgarten und ganz viel Wald. Die heute sehr bekannte Schlossresidenz wurde um 1868 erbaut und fasziniert mit einem weiß-beigen Neurenaissance-Baustil, gespickt mit gotischen Elementen, Erkertürmchen, einer Kanzel und charakteristischen Treppengiebeln. Die Disney-Magie hört auch bei einem Spaziergang auf dem Schlossanwesen nicht auf. Ob Cinderella irgendwo in einem Zimmer schläft? Oder Rapunzel im Turm ihre goldenen Haare kämmt? Im hübsch angelegten Schlossgarten inklusive Pavillon ist auf den ersten Blick auf jeden Fall keine Disney-Prinzessin zu sehen. Was aber sofort auffällt, ist die wunderschöne Hortensiensammlung von ProSpecieRara, welche der großen Parkanlage ihren königlichen Charme verleiht. Gleich neben dem französisch angelegten Garten sonnen sich am Südhang die saftigen Trauben des Rebberges. Deren Aussicht ist beneidenswert. Der fruchtige, spritzige Weißwein, welcher in der schlosseigenen Kelterei vinifiziert wird, passt hervorragend zum Apéro und kann am Eingang des Schloss-Museums erworben werden.

TIPP

Im Sommer mit dem Schiff nach Meggen anreisen.

Auf viele prunkvolle Feste kann auch die gotische Schlosskapelle zurückblicken. Ihr Inneres lebt von blauen und gelben Mustern, die schon fast eine orientalische Stimmung verbreiten. Für den kleinen Hunger und Durst lockt das Schlossbistro in der sanft umgebauten Orangerie mit lauschigen Tischen unter Schatten spendenden Bäumen. Bei einem Besuch auf Schloss Meggenhorn müssen unbedingt die Badesachen eingepackt werden. Die malerische Badebucht zwischen dem Aussichtspunkt mit der Christusstatue und dem schmucken Bootshaus besticht mit dem klarsten azurblauen Wasser, das der Vierwaldstättersee zu bieten hat.

- Schloss Meggenhorn, Meggenhornstrasse 53, 6045 Meggen, Tel. +41 (0)41 3 77 11 61, www.meggen.ch/de/schlossmeggenhorn
- ÖPNV: Bus 24, Haltestelle Lerchenbühl, ca. 15 Minuten Fußweg

Süße Kakaoträume

18 Handgemachte Schokolade bei Max Chocolatier

Schokoladentiger aufgepasst! Mitten in Luzern präsentiert sich das Glück in köstlichen Pralinenformen. Veganes Kokosnussganache mit Rosmarin und Mirabelle oder Grand-Cru-Milchschokolade mit äthiopischem Yirga-Cheffe-Kaffee und karamellisierten Kakaonibs sind nur zwei von vielen Geschmacksexplosionen, welche bei Max Chocolatier präsentiert werden. Namensgeber der Schokoladenboutique ist Max, begeisterter Schokoladenliebhaber und Sohn von Gründer Patrik König. Max, mit einem Extra-Chromosom auf die Welt gekommen, ist die treibende Kraft in der „Schokoladenfabrik", wenn es um die Sortimentsauswahl geht. Auch wenn die süße Kollektion jede Saison neu erfunden wird und neue verführerische Aromen die hübschen Schachteln füllen, zwei Leckereien müssen für Max immer im Angebot bleiben: die fruchtigen Himbeerbranchlis und die „Guggelhöpfli". Alle Pralinen sind limitierte Einzelstücke und werden in aufwendiger Handarbeit im Luzerner Atelier hergestellt. Von der flüssigen Schokolade, die pausenlos aus dem Hahn fließt, über die Mischung der himmlischen Füllung bis hin zum Finish mit Lavendelblüten und dem sorgfältigen Einwickeln in den hochwertigen Verpackungen dauert die Produktion eines Stück Glücks rund vier Tage. Besonders edle Kreationen erhalten sogar noch einen Pinselstrich Goldpuder zum Abschluss. Das süße Schlaraffenland verzaubert aber nicht nur mit Pralinen. Liebevoll zusammengestellte Degustationsboxen, cremiger Brotaufstrich, herzerwärmende Trinkschokolade, zarte Schokoladentafeln und im Sommer sogar unwiderstehliche Eissorten entführen Schokoladenfans in den siebten Schokoladenhimmel. Exklusive Degustationen und spannende Workshops im Max Chocolatier Design Studio erwecken den inneren Chocolatier zum Leben. Am Ende des Tages haben aber alle Besucherinnen und Besucher etwas mit dem kleinen Max gemeinsam: Ein Stück Schokolade zaubert stets das größte Lächeln aufs Gesicht.

TIPP

Schokoladen-Abo lösen und jeden Monat von neuen Köstlichkeiten überrascht werden.

- Max Chocolatier Boutique, Hertensteinstrasse 7, 6004 Luzern, Tel. +41 (0)41 4 18 70 90, www.maxchocolatier.com
- Max Chocolatier Design Studio, Obergrundstrasse 42, 6003 Luzern
- ÖPNV: Bus 1, 6, 8, 19, 24, Haltestelle Luzernerhof

Jung gebliebene Schönheit

19 Die Reussbrücke als wahrer Star

Auf den ersten Blick scheinen die beiden überdachten Holzbrücken die ältesten Brücken der Stadt Luzern zu sein. Doch der Schein trügt. Bereits 1168 fand in den Urkunden eine steinerne Brücke über die Reuss Erwähnung – rund 160 Jahre früher als die Kapellbrücke. Aus Stein ist die Reussbrücke zwar nicht mehr, doch auch heute noch stellt die nun aus filigranem Stahlfachwerk bestehende Brücke eine wichtige Verbindung zwischen der Kleinstadt und der Altstadt dar.
Rund ein Dutzend Bänke laden die Spazierenden zum Verweilen ein. Reussabwärts glänzt auf einer Anhöhe die weiße Fassade des Château Gütsch aus den Baumkronen des Gütschwaldes hervor. Mit einem lauten Rauschen schiebt sich das tosende Wasser der Reuss durch das historische Nadelwehr, welches seit 1861 den Wasserstand des Vierwaldstättersees reguliert. Hinter dem bauhistorischen Reusswehr führt die hölzerne Spreuerbrücke mit ihrer roten Brückenkapelle über die Reuss zum Mühlenplatz. Die alte Holzfassade leuchtet in einem satten Orange und bettet sich vor allem im Herbst wunderschön zwischen die gelb verfärbten Bäume. Der Blick schweift weiter über die ersten Türme der Museggmauer, welche die alte Stadtgrenze markieren. Am linken Reussufer säumen imposante Bauten die enge Uferpromenade. Besonders eindrucksvoll ist das Pfyffer'sche Stipendihaus mit seinen roten Spitzdächern und das Sonnenberghaus, eines der bedeutendsten Patrizierhäuser der Stadt, mit seinen pompösen Ornamenten. Flussaufwärts erstreckt sich die Kapellbrücke in ihrer ganzen Länge vor dem Rigi-Panorama, während die Jesuitenkirche andächtig über die Reuss zu blicken scheint. Die Reussbrücke ist zwar nicht aus Holz wie ihre beiden berühmten Geschwister. Mit dem spektakulären Ausblick auf die fotogensten Luzerner Sehenswürdigkeiten ist sie aber genauso charmant.

- Reussbrücke, 6003 Luzern
- ÖPNV: diverse Linien, Haltestelle Bahnhof

Die fünfte Jahreszeit

20 Rambazamba zur Luzerner Fasnacht

Wenn der Boden wieder mit Konfetti bedeckt ist, einem die Orangen um die Ohren fliegen, das Vögeligärtli Austragungsort der „Kaffeeschlacht" wird, schrullige Melodien durch die engen Gassen ziehen, es „Unter der Egg" kein Durchkommen mehr gibt und der süße Duft von Holdrio in der Luft klebt, ist es wieder so weit: Es ist Fasnacht in Luzern. Die Stadt verwandelt sich für sechs Tage in ein wildes Festgelände und bringt dabei den einen oder anderen seltsam erscheinenden Karnevalsbrauch mit sich. Beispielsweise das Teebeutelwerfen im Restaurant „Nix's in der Laterne". Dort landet der Teebeutel des Holdrios (Hagebuttentee mit Zwetschgen-Schnaps) kurzerhand an der Decke und nicht im Abfalleimer.

Das bunte Treiben beginnt am Schmutzigen Donnerstag (Schmudo) mit der „Tagwache" um 5 Uhr morgens. Der Urknall, eine unüberhörbare Detonation auf dem See, läutet die fünfte Jahreszeit ein. Beim Fritschibrunnen am Kapellplatz wartet bereits eine riesige Menschentraube auf Bruder Fritschi und seine Familie. Mit der Ankunft des imaginären Oberhauptes der größten und ältesten Luzerner Zunft, der Zunft zu Safran, beginnt der „Fötzaliräge" (Konfetti-Regen). Ab dann gibt es kein Halten mehr.

Bunt kostümierte Menschen tanzen auf allen Altstadtplätzen zu den packenden Rhythmen der Guggenmusiken (die kostümierten Blaskapellen) und aus den handwerklich aufwendig konstruierten Wagen der Wagenbaugruppen fließen die heiteren Getränke. Wer die riesigen Umzugswagen in Action sehen will, muss am Schmudo (Fritschi-Umzug), am Güdismontag (Wey-Umzug) und am Güdisdienstag (Monstercorso) auf der Straße sein. Haie ziehen ihre Kreise, eine Riesenwespe wippt mit ihrem Stachel im Takt der Umzugsmärsche und die mit viel Herzblut hergestellten Masken, in Luzern „Grende" genannt, versetzen alle ins blanke Staunen. Ja, an keinem anderen Fest in der Stadt sind die Leute aller Altersklassen derart in Feierlaune wie an der Fasnacht. Ein Glücksort durch und durch.

TIPP

Die Guggenmusig-Auftritte in der kleinen Münzgasse bestechen mit einem spektakulären Klangerlebnis.

- Luzerner Fasnacht, www.luzerner-fasnacht.ch
- ÖPNV: diverse Linien, Haltestelle Bahnhof

127
Modell-Eisenbah

Froschteich mit Aussicht

21

Panoramablick vom Felsberg Park

Eine Weide lässt ihre filigranen Äste in das trübe Teichwasser hängen. Zarte Seerosen schwimmen auf der Wasseroberfläche, während unter den grünen Blättern bunte Kois ihre Bahnen ziehen. Die genüssliche Stille wird gelegentlich durch das sanfte Vogelgezwitscher und das leichte Rascheln der Weidenblätter untermalt. Der Felsberg Park ist eine wunderschöne kleine Oase im Wesmelin-Quartier und weilt auf einer terrassenartigen Anhöhe über der Stadt Luzern. Die Aussicht über den funkelnden Vierwaldstättersee, den Pilatus und die Hofkirche ist überwältigend, will aber durch einen anstrengenden, dafür kurzweiligen Treppenaufstieg verdient sein. In der ganzen Parkanlage laden rote Bänke Anwohnende, Vorbeiziehende und Ruhesuchende zum Verweilen und Genießen ein. Die Enten im Teich machen es schon mal vor. Während im oberen Becken des künstlich angelegten Teiches ein Steinfrosch aus dem Wasser ragt, ist das darunterliegende größere Becken im Sommer teilweise mit Seerosen und Schilf bedeckt. Die romantische Szenerie mit den magischen Brunneninstallationen erinnert stark an den Rosengarten in Bern. Auf dem Teichrand entspannt sich eine überdimensionale Eidechse aus Stein und es fehlt nur noch der Ruf eines Froschkönigs, der den Besucherinnen und Besuchern einen Kuss abluchsen möchte.

Zwar nicht zum Küssen, aber definitiv zum dran Schnuppern sind die zahlreichen Blumen im Felsberg Park. Gelb leuchtender Sonnenhut streckt sich neben weißem Schneeball und lila Vogelwicke in die Höhe. Den Bienen scheint die artenreiche Bepflanzung ebenfalls zu gefallen. Für Architekturinteressierte steht hinter dem Park das Felsberg-Schulhaus. Das „Felsberg“ ist wohl eines der schönsten Schulhäuser der Stadt und ein Musterbeispiel dafür, wie eine denkmalgeschützte Sanierung aussehen kann.

- Felsberg Park, 6006 Luzern
- ÖPNV: Bus 7, 14, Haltestelle Kapuzinerweg

Bunt, kreativ und supercool

22 Das urbane Neustadt-Quartier

Es ist schwierig den Geist der Luzerner Neustadt zu beschreiben. Hier tickt die Uhr langsamer. Zwischen den Pop-up-Parks und den bekannten Plätzen wird die Apéro-Kultur zelebriert. Kleine Boutiquen florieren zwischen hippen Restaurants, trendigen Cafés und Workshop-Ateliers. Das Hirschmatt-Neustadt-Quartier lebt fast schon in seiner eigenen bunten Bubble, schließlich kennen sich hier alle über zwei Ecken. Was sich ganz gut trifft, so ist sicherlich immer eine Person da, um anzustoßen. Beispielsweise im angesagten Helvetiagärtli.

Die grüne Lunge des Quartiers ist das Vögeligärtli, ein beliebter Treffpunkt für Familien aller Kulturen und Religionen. Als Leuchtpunkt im Quartier dient der spitze Kirchturm der neugotischen Pauluskirche, welche wunderschön vor dem Pilatusmassiv posiert. Das Café „Parterre" ist die visuelle Repräsentation der Neustadt: bunt durchmischt, alternativ und supercool. In der „Bar59" oder im „Rok" feiern Nachteulen bis in die frühen Morgenstunden, und das „Kaspar" verwandelt sich in der Nacht vom Café und Spielplatz zur begehrten Cocktailbar. Kulturinteressierte kommen im Luzerner Theater oder im Kleintheater in den Genuss von modernen und neu interpretierten Stücken. Und während sich das Feierabendgetränk am besten unter dem Blätterdach der „nachbar" genießen lässt, besitzt die kleine „Alfred Caffebar" den besten Standort, um die vorbeilaufenden Menschen zu beobachten.

TIPP

Coole Secondhandmöbel, exotische Pflanzen und Veranstaltungen gibt es im Concept-Store „En Bas".

Die urbanen Restaurants und Cafés, die schmucken Gebäude mit ihren süßen Balkonen, den aufwendig verzierten Erkern und den farbigen Hauswänden machen den Charme dieses Quartiers aus. Andere würden jetzt sagen, das bieten auch andere Schweizer Städte. Doch nirgends blitzen die Berggipfel bei Sonnenuntergang so schön rot zwischen den Häuserzeilen hervor, wie in der Luzerner Neustadt.

- Neustadt, 6003 Luzern, www.hirschmatt-neustadt.ch
- ÖPNV: Bus 4, 6, 7, 8, Haltestelle Bundesplatz, Bus 1, 11, 14, Haltestelle Moosegg

Im Bademantel auf hoher See

23

Das erste Saunaboot der Schweiz

Wenn die Bäume ihr farbiges Blätterkleid ablegen, der Himmel von grauen Schleiern bedeckt ist und die Temperaturen sich dem Gefrierpunkt nähern, dann ist wieder Zeit zum Saunieren. Was gibt es Entspannteres? Das Holz knistert im Ofen und sanfter Nieselregen prasselt gegen die Fensterscheiben. Dünne Nebelschwaden bahnen sich ihren Weg über die eisigkalte Wasseroberfläche. Die Stille wird nur vom friedlichen Gluckern des Wassers begleitet. Die Wellen des Vierwaldstättersees schaukeln sanft das Saunaboot, während die Hitze den Schweiß aus den Poren schaukelt. Saunaboot? Richtig gehört. Das schweizweit erste Saunaboot ankert beim Seehotel Kastanienbaum und bringt die gesunde Tradition des Saunierens auf die Zentralschweizer Gewässer. Die Abkühlung nach dem Saunagang wartet nämlich gleich im 5° C kalten Vierwaldstättersee. Natürlich erst, nachdem sich die Saunierenden mit der Regenkelle an Bord abgekühlt und sich gemächlich über die Badeleiter in den See gelassen haben. Auf dem rund 15 Quadratmeter kleinen Holzboot befindet sich ein Außendeck, um sich bei schönem Wetter zu sonnen oder die Nase in den Fahrtwind zu strecken. Der windgeschützte Ruheraum dient zum Umziehen und um sich von den schweißtreibenden Aufgüssen zu erholen. Das Herzstück des Saunabootes ist natürlich die Sauna mit großzügigem Panoramafenster. Der Ofen ist in rund 45 Minuten auf 90° C aufgeheizt, perfekt also, um in der Zwischenzeit einen geeigneten Ankerplatz im Horwer Seebecken aufzusuchen. Dank dem Saunaboot ist der Vierwaldstättersee auch in den nasskalten Monaten erlebbar und die Hitze in der Sauna veranlasst sogar die größten kälteempfindlichen „Gfrörlis“ dazu, sich ins eiskalte Wasser zu wagen. Angetrieben wird das Boot mit einem 8-PS-Motor, was die Steuerung auch ohne Bootsschein möglich macht. Also nichts wie los: Familie und Freunde packen, in den Bademantel kuscheln und Leinen los!

TIPP

Verpflegung & Getränke dürfen auf das Boot mitgebracht werden.

● Saunaboot, St. Niklausenstrasse 105, 6047 Kastanienbaum, www.saunaboot.ch
● ÖPNV: Bus 21, Haltestelle Kastanienbaum, Schiffstation

Sakraler Augenschmaus

24 Lichtschimmer in der Jesuitenkirche

Die eindrucksvolle Fassade der Jesuitenkirche scheint wie ein Fior-di-Latte-Eis in der lauwarmen Frühlingssonne über den Jesuitenplatz in die Reuss zu schmelzen. Die beiden charakteristischen mintfarbenen Zwiebeltürme der Kirche spiegeln sich im seichten Wasser. Auf dem Jesuitenplatz überkommt einen schon fast ein Moment der Vollkommenheit. Während die Füße geerdet auf den säuberlichen Pflastersteinen stehen, kann der Blick frei nach oben zur mächtigen Kirche und immer weiter Richtung unendliches Blau zirkulieren. Ob die weißen Quadrate am Boden als Tanzanleitung gedacht sind? Die in die Reuss herabfallende Treppe scheint wie ein einladendes Portal in eine versunkene Welt und die schwarzen fünfarmigen Kandelaber auf dem Platz lassen einen in die Hauptrolle eines Schwarz-Weiß-Filmes schlüpfen. Besonders in der Nacht.

Die Jesuitenkirche prägt nicht nur das Luzerner Stadtbild, sie ist auch eine der ältesten unter den großen Barockkirchen der Schweiz. Die schon fast kitschig wirkenden kunsthistorischen Elemente verbergen sich aber im Inneren der Kirche. Im Gegensatz zu herkömmlichen Sakralbauten finden die Gäste beim Betreten des Innenraumes keine abgedunkelte, geheimnisvolle Dämmerung vor, sondern eine warme, herzliche Lichtfülle. Immerfort scheint das helle Tageslicht sanft durch die Kirchenfenster und verwandelt die Jesuitenkirche mit ihren prunkvollen Verzierungen und Malereien in einen schimmernden Ruheort. Wer Glück hat, kommt gerade rechtzeitig zum Orgelunterricht der Studierenden der Musikhochschule Luzern. Und so tanzt bei einem Besuch der Jesuitenkirche immer irgendetwas durch Luzern: Auf dem Jesuitenplatz die Menschen und im Inneren der Kirche Licht und Musik.

● Jesuitenkirche, Bahnhofstrasse 11A, 6003 Luzern, www.jesuitenkirche-luzern.ch
● ÖPNV: diverse Linien, Haltestelle Bahnhof

Sag's mit Blumen

25 Grüne Oase in der „Blumenfrau"

Pflanzen machen glücklich. Und sehen dazu noch gut aus. Ob in farbenfrohen Blumentöpfen arrangiert, in stylischen Weinflaschen drapiert oder in geknüpften Makrameekörben von der Decke hängend: Zimmerpflanzen verwandeln die heimischen vier Wände in eine grüne Dschungeloase. Besonders hübsche Exemplare warten in der Werkstatt der „Blumenfrau" auf ihre neuen Pflanzeneltern. Hier verbirgt sich das Glück zwischen Chlorophyll und Pampasgras. Versteckt in einem Hinterhof der Luzerner Altstadt gibt es prächtige Trockenblumenbouquets, tropische Zimmerpflanzen sowie stylische Gießkannen und schmucke Schnittblumen zu kaufen. Kein Wunder, dass die Boutique eine beliebte Adresse für Editorial- und Porträt-Shootings ist. Hinter der Herzensangelegenheit „Blumenfrau" steht die Floristin Isabelle Scheuber, welche ihrer Kundschaft grüne Glücksmomente und etwas Seelenbalsam in diesen hektischen Zeiten schenken möchte.
Blumen sind aber nicht nur wundervoll zum Weiterschenken, sondern auch ein essenzieller Bestandteil von Selbstliebe. Warum sich also nicht selbst einmal mit einem Blumenstrauß belohnen? Wer zu Hause gerne regelmäßig Blumen auf dem Tisch stehen hat, meldet sich für das individuell angefertigte Blumenabo an und genießt so Frühlingsgefühle das ganze Jahr hindurch. Der grüne Daumen wird bei der „Blumenfrau" zudem mit abwechslungsreichen Workshops gestärkt. Interessierte lernen hier beispielsweise Makramee knüpfen, Trockenblumensträuße binden oder Eukalyptus-Vorhänge basteln. Beim „Umtopf-Workshop" können sogar die eigenen Pflanzenschützlinge mitgebracht werden und gemeinsam mit den Blumenexpertinnen und -experten umgetopft werden. Und wer die Ruhe dieser Pflanzenoase noch in seine Sportroutine aufnehmen möchte, besucht die wöchentlichen Yogalektionen im Blumenladen. Die „Blumenfrau" ist eine wahrliche Oase in der Pflastersteinwüste.

● Blumenfrau, Museggstrasse 4, 6004 Luzern, Tel. +41 (0)41 535 18 23
www.blumenfrau-luzern.ch
● ÖPNV: Bus 1, 19, Haltestelle Löwenplatz

Ruhepol im Stadtrummel

26 Versteckte Idylle im Zöpfli

Die Redewendung „den Wald vor lauter Bäumen nicht sehen“ passt perfekt zu diesem versteckten Schmuckstück. Mitten in der Luzerner Altstadt, umgeben von den großen Sehenswürdigkeiten, wie Kapellbrücke, Wasserturm oder Spreuerbrücke, befindet sich das Zöpfli. Ein friedlicher Rückzugsort im großen Altstadtgewusel. Gleich nach der Reussbrücke führt ein unscheinbarer Weg links ab zu einem kleinen halbrunden Platz mit direktem Zugang zur Reuss und einem tollen Blick auf das Nadelwehr. Hier ist das Repertoire an Leuten so vielfältig wie deren Aktivitäten: Menschen, die auf der Bank Zeitung lesen, versunken Tagebuch schreiben, ein cremiges Eis schlecken, zu zweit auf ein wohlverdientes Feierabendgetränk anstoßen oder verträumt den Wellen nachsehen, während das kühle Wasser ihre müden Füße umspült. Dank der romantischen Abendstimmung taugt das Zöpfli durchaus auch für erste (und hoffentlich auch zweite) Dates.

Nebst der romantischen Stimmung schwingen aber auch feministische Wellen über den Platz. Seit 2016 trägt das Zöpfli den offiziellen Namen „Josi-J.-Meier“-Platz. Als Anerkennung und in Würdigung der großen Leistungen für die Öffentlichkeit wurde die Luzernerin Josi Meier mit ihrem eigenen Platz geehrt. Der liegt unmittelbar vor dem Haus, das sie in Luzern bewohnt hatte. Josi Meier war 1991/92 nicht nur die erste Ständeratspräsidentin der Schweiz, sie engagierte sich auch zu Lebzeiten für Frauenrechte. Und während der Blick so über die plätschernden Wellen der Reuss hüpft, schleicht sich einem beim Gedanken an Josi Meiers berühmtesten Slogan ein Lächeln aufs Gesicht: „Erst heute begreife ich jene Männer, die mir am Anfang meiner Karriere sagten, die Frau gehöre ins Haus. Recht hatten sie. Die Frauen gehören ins Gemeindehaus, ins Rathaus, ins Bundeshaus.“ Ein starker Platz – landschaftlich und politisch.

- Josi-J.-Meier-Platz, Im Zöpfli 1, 6004 Luzern
- ÖPNV: diverse Linien, Haltestelle Bahnhof

Josi - J. - Meier - Platz
RESTAURANT

Fifty shades of blue

27 Schifffahren auf dem Vierwaldstättersee

Luzern wäre nicht Luzern ohne seinen tiefblauen Vierwaldstättersee. Neben dem imposanten Bergpanorama und der historischen Altstadt ist der See das Herzstück der Leuchtenstadt, auch historisch gesehen. Schließlich stellte er bis 1863 die einzige Handelsverbindung zum Gotthardpass dar. Der Vierwaldstättersee ist ein Chamäleon und kann die ganze Palette an Blautönen annehmen. Am Ufer glitzert das Wasser durchsichtig bis azurblau, unterhalb der Felswände schleicht sich ein grüner Ton in den blauen Farbverlauf, während es in der Seemitte mit einem satten Tiefblau hypnotisiert.

Die wohl erlebnisreichste Möglichkeit, das ganze Farbspektrum des Sees zu erleben, ist mit frischer Seeluft in den Haaren. Fünf historische Schaufelraddampfer und 15 elegante Salon-Motorschiffe steuern die schönsten Flecken des Vierwaldstättersees an und lassen einen die gewaltige Naturkulisse der Zentralschweiz vom Wasser aus bewundern. Historische Stätten, wie die Tellskapelle in Sisikon, wo gemäß der Sage Nationalheld Wilhelm Tell vom Boot des Landvogts Gessler gesprungen sein soll, können genauso bestaunt werden, wie die meterhohen, schroffen Felswände bei Bauen im Urnerbecken oder die palmengesäumte, italienisch anmutende Riviera in Weggis und Vitznau. Die verwinkelten Arme des Sees erinnern an die Fjorde Norwegens und so sieht die Landschaft bei jeder Schiffswendung komplett neu aus. Wer Zeit hat, genießt eine gemütliche Rundfahrt bis nach Beckenried oder sogar bis ans Ende des Sees nach Flüelen. Doch auch der nächste Wandertrip in die Berge oder der Skitagausflug im Winter lassen sich wunderbar mit einer Schifffahrt verbinden. Ein besonderes Erlebnis stellen zudem die kulinarischen Schifffahrten dar. Ob am Morgen auf dem Brunch-Schiff, in der Adventszeit auf dem Raclette-Dampfer oder auf der Sonnenuntergangsfahrt, wenn es heißt dem Lichtermeer der Stadt Luzern entgegenzufahren – auf einer Schifffahrt sitzt das Glück am Steuer.

TIPP

Auch der eigene Picknickkorb darf auf das Schiff mitgenommen werden.

- Schiffstation am Luzerner Bahnhofquai, Tel. +41 (0)41 3 67 67 67 www.lakelucerne.ch
- ÖPNV: diverse Linien, Haltestelle Bahnhof

URI

Luzerns neun Wächter

28 Die Museggmauer mit ihren Türmen

Beschützend schlängelt sich die ehemalige Stadtbefestigung entlang einer aufsteigenden Sandsteinrippe Richtung Löwenplatz und markiert damit das Ende der geschichtsträchtigen Altstadt. Die Museggmauer mit ihren neun stolzen Museggtürmen wurde im 13. Jahrhundert erbaut und galt als Prestige-Bauwerk. Wäre die Museggmauer nur eine einfache Wehranlage gewesen, wären wohl alle Türme genau gleich gebaut worden. So war es aber nicht. Die noch immer sehr gut erhaltenen Türme lassen sich am besten auf einem Spaziergang entlang oder auf der Mauer erleben. Der runde Nölliturm mit seinem leicht geschweiften roten Kegeldach kennzeichnet den Start am Reussufer. Der Spaziergang führt weiter zum Männliturm, einer der vier begehbaren Türme, welcher mit der schönsten Aussicht über Luzern lockt. Mit dem benachbarten Luegislandturm folgt wohl der markanteste Museggturm. Als einziger noch verbliebener Turm der Reihe ist er an seiner Südseite gegen die Altstadt hin offen. Nach dem Pulverturm folgt der Zytturm mit seinem riesigen, bunt bemaltem Zifferblatt. Nicht wundern, wenn der Zytturm eine Minute vor allen anderen Uhren die volle Stunde schlägt. Er besitzt nämlich das Erstschlagrecht in Luzern.

TIPP

Beim Speuzer-Brunnen finden sich Sitzbänke mit schönstem Blick auf die gesamte Museggmauer.

Der Spaziergang führt immer wieder an lauschigen Parks und aussichtsreichen Sitzgelegenheiten vorbei. Auf der Nordseite lassen sich die imposanten Türme beispielsweise wunderbar mit einem Kaffee auf dem Kulturhof „Hinter Musegg“ genießen, während die Schottischen Hochlandrinder daneben genüsslich Gras mampfen. Die 870 Meter lange Mauer ist auch ein Lebensraum für unzählige Tiere. Turmdohlen, Mauersegler und Gänsesäger haben in den Spalten und Nischen des Mauerwerks Brut- und Nistplätze eingerichtet und schenken den alten Gemäuern damit noch immer eine wichtige Funktion.

- Start beim Nölliturm, Brüggligasse 17, 6004 Luzern, www.museggmauer.ch
- Kulturhof Hinter Musegg, Diebold-Schilling-Strasse 13, 6004 Luzern
- Speuzer-Brunnen, Schirmertorweg 6, 6004 Luzern
- ÖPNV: Bus 2, 12, Haltestelle Kasernenplatz, Bus 9, Haltestelle Brüggligasse

Treffpunkt für alle

29 Spielplatz und Ausbildungsort Treibhaus

Beim Betreten des Treibhauses sticht zuerst das riesige Boot mit seinem orangefarbenen Bug ins Auge. Die „MS Tribi" schwebt mit Lichterketten behangen über dem Eingang des Treibhaus-Clubs. Im Club des Jugendkulturhauses finden Plattentaufen von lokalen Bands bis hin zu Konzerten von international berühmten Gruppen statt. Mit einer beschränkten Kapazität von 250 Personen fühlen sich die Konzerte im Club aber eher wie private Wohnzimmer-Medleys an. Neben Partys, Lesungen, Filmvorführungen und Flohmärkten werden auch Workshops, wie Beatmaking oder DJ-Kurse exklusiv für Frauen angeboten. Die hauseigene Bar ist gleichzeitig auch Restaurant und serviert am Mittag jeweils ein preisgünstiges, leckeres Mittagsmenü. Über dem Bartresen hängen drei riesige Köpfe aus Karton und schauen lässig über das Geschehen im Bistro, welches kurzerhand auch zum Barkonzert, Spieleabend oder zur Tanzfläche umfunktioniert werden kann. Das bunte Wandbild verkörpert den jugendlichen Lebensgeist und unter den herabhängenden Pflanzen und Glühbirnen lässt sich wunderbar verweilen. Im Sommer verlagert sich das bunte Treiben nach draußen in den grün bepflanzten Garten. Unter freiem Himmel finden Akustikkonzerte, Grillsessions sowie Boule- und Tischfussball-Turniere statt.

TIPP

Jede zweite Woche lädt die Milchjugend junge Queers zu einem gemütlichen Abend ein.

Das Treibhaus ist Glücksort, Spielplatz und Ausbildungsort zugleich und fördert die Jugendkultur in all ihren Facetten. Jugendliche und junge Erwachsene wirken aktiv im Team mit, übernehmen Verantwortung und können ihre Ideen und Projekte ohne finanzielles Risiko realisieren. Beispielsweise wird mit der kleinen Kunstvitrine gegenüber der Garderobe nicht nur einem neuen, jungen Publikum Kunst nähergebracht, junge Kunstschaffende erhalten auch die Chance, ihre eigenen Kunstwerke auszustellen. Im Producing Room kann währenddessen ungestört an den eigenen Beats oder DJ-Skills gefeilt werden.

● Treibhaus Jugendkulturhaus, Spelteriniweg 4, 6005 Luzern, Tel. +41 (0)41 3 69 81 00, www.treibhausluzern.ch
● ÖPNV: Bus 6, 7, 8, Haltestelle Weinbergli

Longdrinks & Cocktails

Quelle des Lebens

30

Luzerns Brunnen-Mekka

Wasser so weit das Auge reicht: still und bedacht im Vierwaldstättersee, gemütlich rauschend in der Reuss und frisch plätschernd aus den Brunnen. Über 200 Brunnen finden sich in der Stadt Luzern. Bis auf ein paar wenige Ausnahmen führen alle Brunnen Trinkwasser in höchster Qualität und versorgen damit seit über 600 Jahren die Stadt – Wasser, das durch ein mittelalterliches Brunnennetz fließt und die historischen Brunnen der Alt- und Neustadt mit frischem Krienser-Quellwasser vom Fuße des Pilatus speist. Das alte Netz funktioniert ganz unabhängig vom restlichen Leitungsnetz und braucht keinen Strom, womit die Trinkwasserversorgung der Stadt Luzern auch in Notfällen gesichert ist.

Brunnen waren aber nicht nur essenzielle Trinkwasserlieferanten. Sie galten früher als wichtiger sozialer Treffpunkt, wo der neueste Klatsch und Tratsch heiß diskutiert wurde. Doch auch die Brunnen selbst vermögen spannende Geschichten aus längst vergangenen Zeiten zu erzählen: zum Beispiel der farbenfrohe Fritschibrunnen, welcher unübersehbar auf dem Kapellplatz thront und zum Fasnachtsbeginn prominent im Rampenlicht steht. Oder der im Chinoiserie-Stil erbaute Neptunbrunnen auf dem Mühlenplatz, dessen Becken aus einem einzigen Stein herausgearbeitet wurde. Der Weinmarktbrunnen ist für viele der schönste Brunnen in der Altstadt und gilt in seiner heutigen Form als der älteste noch erhaltene gotische Brunnen in Luzern. Der Zeughausbrunnen prägt hingegen maßgeblich das Quartierbild an der Pfistergasse und genießt mit der Museggmauer im Hintergrund wohl eine der spektakulärsten Aussichten.

Luzern ist wahrhaftig eine Wasserstadt. Somit reicht es völlig aus, beim Stadtbummel eine wiederverwendbare Flasche dabeizuhaben und sich am kostenlosen Trinkwasser der Luzerner Brunnen zu bedienen. Das ist nicht nur gut für den Körper, sondern auch für die Umwelt.

TIPP

Übersicht über alle Brunnen: www.lucerne-water.ch

● Fritschibrunnen: Kapellplatz 3, Neptunbrunnen: Mühlenplatz, Weinmarktbrunnen: Weinmarkt, Zeughausbrunnen: Reusssteg
● ÖPNV: Bus 1, 6, 7, 8, 14, 19, Haltestelle Schwanenplatz

In der Natur versinken

31 Ausflug zum Gerzensee

Es gibt Orte, welche schwierig zu beschreiben sind, ohne sie gesehen zu haben. Zum Beispiel den kleinen Gerzensee im Obwaldner Kernwald. Die idyllische Perle liegt friedlich eingebettet zwischen den beiden Bergen Stanserhorn und Brünig. Ein langer Holzsteg führt durch das fast unberührte Hochmoor. Im Wasser spiegeln sich nicht nur der Gipfel des Stanserhorns, sondern auch die Wertschätzung gegenüber der Natur. Und die Erinnerung, dass nicht alles immer in einer Hast erledigt werden muss. Dieses Gefühl vermittelt auch das schwedische Wort „Gökotta", welches die schöne Bedeutung trägt: bei Morgendämmerung früh aufstehen, um draußen in der Natur dem ersten Vogelgezwitscher zuzuhören. Gökotta beschreibt die friedliche Idylle am Gerzensee perfekt. Wie schön der Gedanke doch ist, bei Tagesanbruch sanft aus dem Bett zu schlüpfen und den Tag mit einem Spaziergang in der Natur zu beginnen. Barfuß durch das taufrische Gras zu laufen und sich von Glücksgefühlen überschütten zu lassen. Die Zugehörigkeit zur Natur zu spüren und dem Windgeflüster in den Bäumen zu lauschen, während sich das Sonnenlicht in den Baumkronen sprenkelt. Die Finger im weichen Moos der Felsen versinken zu lassen und den Duft des feuchten Waldbodens in der Nase einzufangen. Die mit Moos bewachsenen Gebirgsbrocken finden sich überall im Kernwald verteilt und kreieren eine eindrucksvolle Landschaft. Das Steingeröll stammt von einem prähistorischen Bergsturz am Stanserhorn und bietet nun vielen Pflanzen und Tieren einen geschützten Lebensraum.

TIPP
Picknick mitnehmen und bei einer der vielen Grillstellen verspeisen.

So wie der Tag mit Gökotta begonnen hat, so endet er bei Anbruch der Nacht mit der „Mångata" – das schwedische Wort für den Moment, wenn der Mond sein magisches Licht über das Wasser wirft und eine mystische Lichtbahn zaubert. Ja, es sind Orte wie dieser, welche uns zu verstehen geben, dass die freie Natur unsere schönste Liebesgeschichte ist.

- Gerzensee, Kerns
- ÖPNV: Zug nach Sarnen Bhf, Bus 343, Haltestelle Kerns, Post

Pralles Marktglück

32

Flanieren auf dem Luzerner Wochenmarkt

Wenn sich pralle Tomaten neben frisch glänzenden Auberginen und saftigen Erdbeeren reihen, ist wieder Markttag in Luzern. Im Zentrum der Leuchtenstadt verkaufen lokale Produzentinnen und Produzenten alles, was das Herz begehrt: Früchte und Gemüse vom Biobauernhof, tagesfrischer Fisch aus dem Vierwaldstättersee, hausgemachter Sirup, regionale Teigwarenprodukte, würzige Käsespezialitäten, mediterrane Köstlichkeiten, knuspriges Brot sowie marktfrische Blumen für den Farbtupfer in der heimischen Stube.

Wer durch die gesamte Vielfalt des Marktes stöbern möchte, muss früh auf den Beinen sein. Die beliebtesten Produkte sind nämlich bereits relativ kurz nach Marktbeginn um 7 Uhr sicher in den recycelten Jutebeuteln und geflochtenen Körben der Marktbesucherinnen und -besucher verstaut. Der traditionelle Luzerner Wochenmarkt, welcher sich über den Rathausquai, unter den Arkaden „Unter der Egg", auf dem Theaterplatz und entlang der Bahnhofstrasse erstreckt, beglückt die Menschen wöchentlich am Dienstag- und am Samstagmorgen. Doch auch in der Luzerner Neustadt wartet jeweils am Samstag der kleine Wochenmarkt auf die Anwohnenden. Auf dem Helvetiaplatz können Gemüse und Früchte in Bio-Demeter-Qualität sowie verführerisch duftendes Brot und hausgemachte Konfitüre für das Frühstück eingetütet werden. Am Freitag findet zudem der traditionelle Fischmarkt „Unter der Egg" am rechten Reussufer statt. Frische Süßwasserfische aus dem Vierwaldstättersee werden neben geräucherten Frischfisch-Spezialitäten angeboten.

TIPP

Am 1. Samstag des Monats findet in der Altstadt der Handwerksmarkt mit kreativen Produkten statt.

Auch wenn jeweils eine große Traube an Menschen durch die historischen Gassen des Marktes schlendert, büßt die Szenerie nichts von ihrer Friedlichkeit ein. Die aufgehende Sonne, welche das vorbeifließende Flusswasser zum Funkeln bringt, gehört genauso zum Markt, wie die frechen Möwen, welche sich ein Stück frischen Marktfisch erhoffen.

- Wochenmarkt am Rathausquai, Unter der Egg, Jesuitenplatz, Bahnhofstrasse: Dienstag & Samstag (7–12 Uhr); Wochenmarkt auf dem Helvetiaplatz: Samstag (7–12 Uhr); Fischmarkt Unter der Egg: Freitag (8–12 Uhr)
- ÖPNV: Bus 1, 6, 7, 8, 14, 19, Haltestelle Schwanenplatz, für Helvetiaplatz Bus Nr. 6, 7, 8 Haltestelle Bundesplatz

Aktion !
zuckersüsse Charentais Melonen
Stück 5.90
Saporini Tomaten super Aroma
500g 9.90
Picadilly Tomaten Sizilien
5.90
Honig Cherry Tomaten die besten
3.95
100g
Camone Tomaten
9.90
Ochsenherz Tomaten
500g
Melinda Tomaten
9.90
HONIG TOMATEN

Luzerner Symphonie

33 Verweilen bei der Villa Musegg

Der Blick fällt auf die berühmte Museggmauer und eine schlossartige Villa aus dem Jahr 1867. Links und rechts wird die Szenerie von Wachturm und Zytturm eingerahmt. Die Villa Musegg und ihr kleiner Park liegen in schönster Lage auf einer Anhöhe am Rande der Luzerner Altstadt. Ein Dächermeer – so weit das Auge reicht. Ab und zu bleibt der Blick am in den Himmel ragenden Wasserturm, am Kirchturm der Peterskapelle oder an den Zwiebeltürmen der Jesuitenkirche hängen. Gefühlt zwei Reihen weiter hinten lässt der Pilatus seelenruhig seine Felskanten Richtung Stadtrand fallen. Die Aussicht begeistert einmal mehr mit einem freien Blick auf den Vierwaldstättersee und die um ihn herum gesäumten Berge. Die Postkartenidylle ist perfekt, sobald sich noch ein Schiff im Luzerner Seebecken über das klare Wasser schiebt. Wer seinen Gaumen verwöhnen möchte, schnappt sich beim Pop-up-Bistro mes amis ein sprudeliges Feierabendgetränk und beobachtet die Sonnenuntergangsmagie im Gras liegend, auf einer vom Bistro bereitgestellten Decke.

Genauso wie Vivaldis berühmte Violinkonzerte „Die Vier Jahreszeiten" bezaubert auch die Komposition der Parkanlage zu jeder Jahreszeit mit einer eigenen Harmonie. Im Frühling summen die Bienen im Einklang mit den sich im Wind wiegenden, pinkfarbenen Kirschblüten. Zartrosa Magnolien öffnen ihre großen Blütenblätter der wärmenden Sonne entgegen. Im Sommer glitzert der Vierwaldstättersee in allen vorstellbaren Blautönen, während die Villa Musegg im Herbst auf einem weichen Bett aus roten und orangefarbenen Laubblättern ruht. Im Winter liegt die Leuchtenstadt andächtig unter einer weißen Schneedecke und nur der schwache Rauch aus den Kaminen bahnt sich den Weg durch die bitterkalte Winternacht. Ja, die Villa Musegg lässt einen wahrhaftig das ganze Spektrum an Klangfarben spüren und erleben.

- Villa Musegg, Auf Musegg 1, 6004 Luzern
- ÖPNV: Bus 1, 6, 7, 8, 14, 19, Haltestelle Schwanenplatz

Atemberaubende Aussicht

34 Auf dem Männliturm

Dieser Blick will verdient sein. Und das mit brennenden Waden, etwas Ausdauer und einer Portion Schwindelfreiheit. Denn die Treppen des Männliturms haben es ganz schön in sich. Der Männliturm ist einer der neun mittelalterlichen Museggmauer-Türme und einer der wenigen, der öffentlich zugänglich ist. Der Eingang befindet sich auf der Nordseite und fordert gleich zu Beginn etwas Konzentration. Denn wer hier den Kopf einzieht, ist klar im Vorteil. Die enge Holztreppe schmiegt sich entlang des grauen Mauerwerks rund 33 Meter in die Höhe. Wie auf einer engen Bergstraße gilt auch hier: Kreuzen ist fast nicht möglich. Wer kann, bleibt auf den Zwischenplattformen stehen und lässt mit einem netten „Grüezi" und einem aufmunternden Kopfnicken die Entgegenkommenden passieren. Die kleinen Wandfenster bei den Zwischenplattformen lassen erahnen, welch schöne Aussicht zuoberst wartet. Die letzten Stufen kitzeln noch einmal die letzten Reserven heraus und ganz plötzlich weht eine sanfte Brise um die Nase und die Aussichtsplattform ist erreicht.

Die Stadt Luzern liegt zu Füßen, der Vierwaldstättersee glitzert mit den eigenen Augen um die Wette und wer Glück hat, wird an sonnigen Tagen mit einem Meer an Berggipfeln beglückt. Das bezaubernde 360°-Panorama lässt die vorangegangene Anstrengung gleich vergessen. Doch nicht nur Fotografierende hoffen hier auf einen Treffer. Der Männliturm ist auch ein geeigneter Ort für romantische Dates. Einerseits wird durch das Treppenlaufen gleich die Fitness des Gegenübers ermittelt, andererseits kann diese Aussicht das eine oder andere Herz doch höherschlagen lassen. Auf jeden Fall gibt es am Ende des Männliturm-Ausfluges nur noch eines zu tun: die engen Treppen wieder hinunterzusteigen und sich dabei nicht zu stark den Kopf verdrehen zu lassen. Ob nun vom Date oder der atemberaubenden Sicht auf Luzern.

- Männliturm, Auf Musegg 6, 6004 Luzern
- ÖPNV: Bus 2, 12, Haltestelle Kasernenplatz, Bus 9, Haltestelle Brüggligasse

Göttliche Idylle

35

Im Naherholungsgebiet Rotsee

Ein einsamer Ruderer zieht seine Bahnen über die spiegelglatte Oberfläche des Rotsees. Ein Blässhuhn blinzelt auf einem aus dem Wasser herausragenden Ast der aufgehenden Sonne entgegen. Und der morgendliche Nebel gibt langsam den Blick auf die Rigi und den Pilatus frei. Der Rotsee, ein Kleinod im Maihofquartier, liegt zwei Kilometer nördlich vom Vierwaldstättersee zwischen Feuchtgebieten und Mooren eingebettet. Der „kleine Bruder des Vierwaldstättersees" und seine Ufer stehen unter Naturschutz und bieten unzähligen Vogelarten und seltenen Pflanzen eine geschützte Heimat. Um Flora und Fauna nicht zu stören, ist das Schwimmen nur am Südufer in der Rotsee-Badi erlaubt. Auf einem knapp zweistündigen Spaziergang lässt sich die gesamte Schönheit des Naherholungsgebietes erleben. Liegewiesen, Sitzbänke, Grillstellen, Spielplätze, grasende Kühe und sogar ein kleiner Wasserfall säumen den Rundweg um den Rotsee. Der beliebte Spazierweg verläuft meistens eben, mit wenigen Höhenmetern und ist technisch nicht anspruchsvoll, was ihn auch für eine Joggingrunde attraktiv macht.

Wer die sieben Kilometer lange Strecke abkürzen möchte, begibt sich zur Station der Rotseefähre und betätigt den Klingelknopf beim „Fährihus". Seit mehr als 600 Jahren verbindet eine Fähre die beiden Ufer des Rotsees und verkürzt den Rundweg um die Hälfte. Der Fährbetrieb wird jeweils von Palmsonntag bis Oktober bei schönem Wetter und nur außerhalb der Ruderregatta angeboten. Einmal im Jahr verwandelt sich der Rotsee nämlich in das Mekka des Rudersports. Dank seiner langen Form, dem windgeschützten Standort und der minimalen Strömung, bietet der See derart gute Wettkampfbedingungen, dass er in der internationalen Ruderszene auch den Beinamen „Göttersee" trägt und einen der drei Austragungsorte des Ruder-Weltcups darstellt. Kein Wunder, die Idylle am Rotsee ist wahrlich göttlich.

● Rotsee, 6030 Ebikon
Rotseefähre, www.rotsee.lu
● ÖPNV: Bus 1, Haltestelle Maihof

Kleinstadt ganz groß

36 Unterwegs im Kleinstadtquartier

In der Kleinstadt passiert auf relativ wenig Raum relativ viel. Mit historischen Monumenten wie der Spreuerbrücke, der Jesuitenkirche oder der Franziskanerkirche finden sich gleich ein paar der schönsten Sehenswürdigkeiten im kleinsten Quartier der Stadt Luzern. Und dank dem Natur- und Historischen Museum ist auch das kulturelle Angebot für das regnerische Schlechtwetterprogramm in der Kleinstadt untergebracht. Besonders eindrucksvoll ist das charakteristische Gebäude des Cloos-Hauses, in Luzern besser bekannt als die Alte Suidtersche Apotheke. Mit ihrer Gründung 1833 ist sie die älteste noch betriebene Apotheke der Stadt Luzern. Das Eckhaus mit seinem Erker und dem Treppenhaustürmchen stammt teilweise sogar aus dem 16. Jahrhundert. Ein Blick durch das halbrunde Schaufenster lässt einen das alchimistische Erbe des Hauses hautnah miterleben. Die dunklen Holzregale, die alten Flakons mit mysteriösen Inhalten und die getrockneten Kräuter, welche von der Decke hängen, erinnern irgendwie aber auch an Harry Potter. Das nächste Traditionshaus wartet gleich auf der gegenüberliegenden Straßenseite. Das Romantikhotel „Wilden Mann“ mit seiner gepflegten Eingangsfassade und den hübschen Spitzbögen begeistert schon seit über 500 Jahren Gäste aus aller Welt. Die bewegte Geschichte der ehemaligen Pinte ist beim Gang durch die knarrenden, verwinkelten Hotelgänge bei jedem Schritt spürbar.

Am meisten glänzt die Kleinstadt aber in der Adventszeit, wenn die für das Quartier charakteristische Kronenbeleuchtung die Gassen und Brücken schmückt. Die restliche Zeit des Jahres erinnert das Quartier irgendwie an die liebliche Altstadt von Ljubljana. Vielleicht ist es die Mischung an Grau- und Beigetönen, die historische Architektur oder die vorbeifließende Reuss mit Blick auf die Museggtürme.

TIPP

Auf dem Außensitzplatz des Bistro Krienbrüggli das Treiben der Kleinstadt beobachten.

- Kleinstadt, 6003 Luzern, www.kleinstadt-luzern.ch
- ÖPNV: Bus 2, 9, 12, Haltestelle Hirzenhof

Petit
Mardi gras
WIRTSHAUS
TAUBE

Glückliche kleine Bucht

37 Ausspannen in der Natur beim Alpenquai

Glücksorte sind in Luzern allgegenwärtig. Versteckt zwischen den historischen Häuserzeilen, am Ufer der Reuss oder im Gras der weiten Parkanlagen. Besonders oft sind sie aber dort anzutreffen, wo der Vierwaldstättersee besonders verführerisch glitzert und sich in seiner Fülle an Blau- und Türkisfarben präsentiert. Ein hübscher Wohlfühlort, um die Schönheit der Natur und das funkelnde Wasser zu betrachten, findet sich beim Alpenquai auf der linken Seeseite. Verweilen lässt es sich beispielsweise auf den Parkbänken, welche unter einer Schatten spendenden Baumallee platziert sind oder ganz puristisch auf der Steinmauer. Wer dem Wasser noch näher sein möchte, kraxelt über die Steine bis ans Ufer hinunter und macht es sich auf einem der großen Steine gemütlich. Ab und an schwimmt ein Entenpaar vorbei und verschwindet gleich wieder im Schilf der benachbarten, künstlich angelegten Insel.

Ein Besuch des Alpenquais lässt sich am besten mit einem ausgedehnten Spaziergang verbinden. Gestartet wird beim Inseli-Park. Der Weg führt über den Werftsteg zur beliebten Liegewiese „Ufschötti“, wo sich sonnende Jugendliche neben grillenden Familien tummeln. Frisbees fliegen parallel zum Würstchenduft durch die Luft. Am rechten Parkrand führt schließlich eine Fußgängerbrücke über eine kleine Bucht, welche von den roten Häusern des Luzerner Ruderclubs umsäumt ist. Auf der gegenüberliegenden Seite gibt die Bucht den Blick auf die majestätische Rigi frei. Einzelne schneebedeckte Berggipfel schaffen es, hinter der grünen Baumkolonie hervorzublitzen. Eine Reihe weiter vorne ragen die weißen Masten der am Steg liegenden Segelschiffe wie Zahnstocher aus dem Wasser und machen Lust auf eine erfrischende Segeltour. Es lohnt sich, den Spaziergang über den Alpenquai weiter zum Richard Wagner Museum fortzuführen. Die Promenade findet schließlich bei den Hügeln der Tribschenbadi ihr Ende.

- Alpenquai, 6005 Luzern, Brücke nach der Ufschötti
- ÖPNV: Bus 6, 7, 8, Haltestelle Werkhofstrasse

Alles ist Fika!

38

Schwedische Kaffeekultur im Café Nord

Ab und an braucht es eine Auszeit vom Alltag. Sich selber etwas Gutes tun, herunterfahren und den Moment genießen. Am besten mit Freundinnen und einer heißen Tasse frischem Kaffee. Diese Überzeugung ist tief in der schwedischen Kultur verankert und wird im Hohen Norden mit dem Begriff „Fika“ beschrieben. Das Café Nord bringt Fika und die schwedische Kaffeekultur in die Neustadt von Luzern und versprüht dadurch schwedisches Flair zum Sehen, Schmecken und Fühlen. Das helle Interieur entspricht ganz dem skandinavischen Stil und transportiert einen mitsamt duftendem Kaffee in die Kaffeehäuser Stockholms. Eine Kaffeepause ist aber nicht komplett ohne das gewisse süße Supplement. In der Vitrine locken täglich andere frische Kuchen und Feingebäcke. Wer bereits einen Hauch Schweden zum „Frukost“ (Frühstück) will, kann sich auf ein warmes Porridge oder einen Dinkeltoast mit Lachs freuen. Da im Café Nord auf Regionalität und Frische geachtet wird, stammt sogar der Lachs aus einer nachhaltigen Schweizer Zucht. Die frischen Zutaten können natürlich auch am Mittag in den hauseigenen nordischen Kreationen genossen werden.

Ob die leckere Quiche, die auserlesenen Smörgas-Brötchen, farbenreiche Desserts oder klassische Fleischbällchen mit Kartoffelstock – die große Portion Sorgfalt und Liebe hinter den Gerichten schmeichelt dem Gaumen. Und vieles davon ist im Café Nord sogar als vegane Variante erhältlich. Am Abend freuen sich die Geschmacksknospen auf schwedisches Bier von der Insel Gotland und Gin aus der mehrfach ausgezeichneten „Stockholms Bränneri“ auf Södermalm.

Für den Heimweg und die Rückkehr in den Alltag lohnt es sich, eine Verstärkung mitzunehmen. Und diese kommt, wie könnt es anders sein, als herzliche Zimtschnecke daher.

TIPP

Die veganen Kokos-Schokoladenkugeln sind perfekt für den kleinen Dessert-hunger.

● Café Nord, Bundesstrasse 21, 6003 Luzern, Tel. +41 (0)41 7 88 75 45 90
www.cafenord.ch
● ÖPNV: Bus 4, 6, 7, 8, Haltestelle Bundesplatz

THIS
MUST BE
THE PLACE

Italianità nahe Luzern

39

Unterwegs in Weggis und Vitznau

Grüne Palmen und bunte Orchideen säumen das geschwungene Ufer des Vierwaldstättersees. In immer steiler werdenden Hügelzügen erhebt sich die Rigi majestätisch in die Höhe. Und auch die leichte Frühlingsjacke ist dank der milden Temperaturen schnell überflüssig. Kein Wunder, wird die Region Weggis Vitznau Rigi die „Luzerner Riviera“ genannt. Hier an der Südflanke der Rigi fühlt sich alles nach Italien an – spätestens bei einem Spaziergang entlang der Seepromenade, wenn einem eine warme Brise um die Nase weht, die Sonne über einen wolkenlosen Himmel tänzelt und die Wellen der ablegenden Schiffe gegen die Küste plätschern. Einem erfrischenden Sprung in den See lässt sich da kaum widerstehen. Hübsche Einstiegsstellen gibt es beispielsweise beim Rachmaninov-Quai in Weggis, beim Kurpark in Vitznau oder beim alten Strandbad in Vitznau.

Die Anreise zur Luzerner Riviera ist besonders mit dem Schiff ein Erlebnis. Die geschichtsträchtigen Schaufelraddampfer und schnittigen Motorschiffe halten mehrmals täglich in Weggis oder Vitznau. Es ist ein überwältigendes Gefühl, wenn sich das Schiff gemächlich über das tiefblaue Wasser schiebt, während satte Wälder, imposante Bergflanken und prunkvolle Fünf-Sterne-Hotels in nächster Nähe vorbeiziehen. Doch nicht nur Tagesgäste und Erholungsuchende schwärmen von den beiden idyllischen Dörfern Weggis und Vitznau. Der bekannte amerikanische Reiseschriftsteller Mark Twain beschrieb Weggis bereits 1897 als „der lieblichste Platz“, an dem er je gewesen sei. Die paradiesische Stimmung in den beiden Ferienorten wird aber maßgeblich von der Nähe zur Königin der Berge geprägt. Die Panoramaluftseilbahn transportiert Reisende in nur zehn Minuten bequem vom Seeufer bei Weggis ins aussichtsreiche Bergdorf Rigi Kaltbad. Wer gleich den Gipfel erklimmen wird, besteigt in Vitznau die älteste Bergbahn Europas und genießt den knapp einstündigen Aufstieg.

TIPP

In der Tourist Information Weggis ein E-Bike mieten und damit die Ferienorte erkunden.

- Tourist Information Weggis, Seestrasse 5, 6353 Weggis, Tel. +41 (0)41 2 27 18 00 www.weggis-vitznau.ch
- ÖPNV: mit Schiff ab Luzern bis Weggis oder Vitznau oder mit Zug bis Küssnacht, Bus 502, Haltestelle Weggis Dorf oder Vitznau Station

Farbe ist Glück

40 Packende Kunst in der Impulse Gallery

Inspiration liegt in der Luft. Das Tageslicht leuchtet kräftig durch die denkmalgeschützten Alabaster-Deckengläser. Die Kristalle der historischen Kronleuchter funkeln mit dem natürlichen Licht um die Wette, während ein uralter, orangefarbener Tresor aus dem Jahr 1880 die weiße, makellose Wand optisch aufbricht. In diese Räumlichkeiten gehört Kunst. Das dachte sich auch Claudia Limacher, international bekannte Künstlerin, Galeristin und Gründerin der Impulse Gallery. Nachdem der Standort über 100 Jahre in Besitz der Galerie Fischer, dem ältesten Schweizer Kunstauktionshaus, gewesen war, übernahm Claudia die spektakuläre Lokalität an der Haldenstrasse. Bereits zwei Jahre zuvor hatte sie hier ihr eigenes Kunstatelier eingerichtet. Die Kunstobjekte wurden immer umfangreicher, die Besucherinnen und Besucher immer zahlreicher und so wurde hier 2021 die internationale Galerie für zeitgenössische Kunst eröffnet. Erstmals wurden auch Werke von anderen renommierten und aufstrebenden Kunstschaffenden ausgestellt.

Es ist Kunst, die berührt, Emotionen auslöst, frei macht. Skulpturen tanzen mit den Betrachterinnen und Betrachtern einen packenden Walzer, während sich die irisierenden Gemälde an die wechselnden Wetterstimmungen anpassen. Auch wenn die Kunstwerke unterschiedlicher nicht sein könnten, fließen sie alle organisch ineinander. So passen Zhuang Hong-Yis zarte Blütenträume wunderbar zu den puren optischen Illusionen von Todd & Fitch. Dass die Gruppen- und Soloausstellungen in enger Zusammenarbeit mit den Kunstschaffenden entstehen, ist kein Zufall. Als Künstlerin kennt Claudia die Bedürfnisse der Szene. Sie setzt den Kunstschaffenden keine Grenzen und bietet mit ihrer Galerie einen integrativen Ort für alle an. In der Impulse Gallery zählt nur die Liebe für Kunst, Struktur und Farbe. Denn für Claudia bedeutet Kunst ganz klar Glück.

● Impulse Gallery, Haldenstrasse 19, 6006 Luzern, Tel. +41 (0)41 4 67 34 44
www.impulsegallery.com
● ÖPNV: Bus 1, 6, 8, 19, 24, Haltestelle Luzernerhof

41

Buvette und Volière auf dem Inseli

So geht Apéro in Luzern. Die beiden Sommerbars „Buvette“ und „Volière“ befinden sich auf dem Luzerner „Inseli“, eine kleine Naturoase fußläufig vom Bahnhof Luzern. Die kleine Parkanlage bekommt am Abend noch relativ lange Sonne, was Studierende wie auch Geschäftsleute für ihr Feierabendgetränk zu schätzen wissen. Durch die unmittelbare Lage am Vierwaldstättersee genießt das plaudernde Apéro-Volk bei einer milden Brise einen spektakulären Blick auf die Rigi und die gegenüberliegende Seepromenade, welche mit den noblen Grand Hotels der Stadt gespickt ist. In der Ferne kündigt ein kräftiges Hupen die Einfahrt eines historischen Schaufelraddampfers an und ein paar Sekunden später gleitet das elegante Schiff am Inseli vorbei Richtung Schiffsanlegestelle. Das Schauspiel lässt sich von den Sommerbars aus in Liegestühlen, auf der Wiese oder an den Bistrotischen beobachten. Wer ein Getränk bei der Sommerbar Buvette bezieht, darf sogar sein eigenes Picknick mitbringen.

TIPP
An ausgewählten Tagen finden Konzerte von lokalen Bands statt.

Rund 50 Meter weiter rechts betreibt das lokale Jugendradio „3FACH“ das beliebte Sommercafé Volière. Im kleinen Container wird eine große Getränkeauswahl angeboten: hausgemachter Eistee, Bio-Weißwein vom Megger Weingut Sitenrain, Kaffee aus frischen Kaffeebohnen aus der Luzerner Neustadt und natürlich frisch gezapftes Luzerner Bier. Heiße Sommertage rufen aber nicht nur nach kühlen Getränken. Auch das leichte Hüngerchen will gestillt sein. Von Montag bis Freitag bietet ein Catering vegetarische und vegane Mittagsmenüs zu einem fairen Preis an. Abends und am Wochenende sorgen ausgewählte Snacks für das leibliche Wohl. Wie der Name bereits ankündigt, sind die beiden Sommerbars nur in den sonnigen Monaten und bei schönem Wetter geöffnet. Ein Grund mehr, sich auf den Sommer in Luzern zu freuen.

- Volière, Inseli Park, 6005 Luzern, www.3fach.ch/voliere
  Buvette, Inseli Park, 6005 Luzern
- ÖPNV: diverse Linien, Haltestelle Bahnhof

3FACH
KICK ASS RADIO

Andächtiger Löwe

42

Kleine Auszeit an Luzerns berühmtem Denkmal

Das Löwendenkmal im Weyquartier gehört unangefochten zu den größten Touristenmagneten in Luzern und ist das Wahrzeichen der Leuchtenstadt. Trotz seiner Berühmtheit und Attraktivität pilgern auch viele Stadtbewohnerinnen und -bewohner hierhin. Einerseits vermag das 1821 in den Felsen eingearbeitete Denkmal bei jedem Besuch aufs Neue zu imponieren, auch wenn die Hintergrundgeschichte trauriger Natur ist. Andererseits lässt sich in der idyllischen Parkanlage rund um das Löwendenkmal herrlich entspannen. Der aus Sandstein gemeißelte Löwe spiegelt sich im darunterliegenden hellgrünen Weiher, Sträucher und Bäume verleihen dem historischen Denkmal einen grünen Rahmen. Auf dem terrassenartig angelegten Parkareal verspeisen Geschäftsfrauen und Businessmänner ihr Take-away-Mittagessen, Studierende stecken die Nase in einen wissenschaftlichen Schinken und Paare schauen sich verliebt in die Augen, während ihnen das süße Eis der Gelateria dell'Alpi in den sommerlichen Temperaturen die Finger hinuntertropft. Im Sommer spenden die hohen Bäume den nötigen Schatten, während die Felsgrotte im Herbst in gelb-orangefarbene Blätter gehüllt wird.

TIPP

Für einen guten Kaffee das Alpineum nebenan besuchen.

Der seichte Denkmalweiher strahlt eine unendliche Ruhe aus und glitzert nicht nur wegen der schräg hineinfallenden Sonnenstrahlen mit den glücklichen Menschen um die Wette. Über die Jahre hat sich hier nämlich ein spezieller Brauch entwickelt. Wie beim Trevi-Brunnen in Rom landen täglich unzählige Münzen im Denkmalweiher und verwandeln ihn so in Luzerns Wunschbrunnen. Welch schöne Wünsche und Träume wohl an den Münzen am Grund des Weihers kleben? Ob der ein oder andere Wunsch wohl schon in Erfüllung gegangen ist? Wir hoffen es.

- Löwendenkmal, Denkmalstrasse 4, 6002 Luzern
- ÖPNV: Bus 1, 6, 8, 19, Haltestelle Löwenplatz

HELVETIORUM FIDEI AC VIRTUTI

Rauschende Gedanken

43

Ausspannen auf einer namenlosen Treppe

Die Reuss ist die Lebensader von Luzern. Sie wird nicht nur zur Stromerzeugung genutzt, sie ist vor allem auch ein wunderbarer Ort zum Ausspannen, Kopf lüften und Füße ins Wasser strecken. An der Reuss entspannen lässt sich überall dort in der Stadt, wo der Gehweg sanft in den Fluss fällt oder eine einladende Treppe ins Wasser hinunterführt. Eine besonders friedliche Treppe befindet sich hinter dem Natur-Museum. Im alltäglichen Verkehrsgetümmel der Hauptstraße fällt sie fast nicht auf. Die Reuss zieht hier an den steinernen Stufen in all ihrer Kraft und Schönheit vorbei. Dank dem gewaltigen Flussrauschen verschwindet auch der vorbeibrausende Verkehr in weite Ferne. Ab jetzt gibt es nur noch eins zu tun: Schuhe ausziehen und Füße ins Wasser halten. Und während die Füße so in den kalten Fluten der Reuss baumeln, baumeln die Gedanken irgendwo zwischen Vergangenheit und Zukunft. Auf der gegenüberliegenden Flussseite dehnt sich die Museggmauer mit ihren charakteristischen Türmen hinter der Luzerner Altstadt aus. Und immer wieder bleibt der Blick an der Spreuerbrücke oder an der großen Weide kleben, welche am Ende der Treppe ihre Äste und Blätter friedlich und irgendwie auch genüsslich im Wasser schaukeln lässt. Ab und zu schaut ein Hund vorbei und schlürft durstig einen Schluck Wasser, bevor er sichtlich zufrieden wieder zu seinem Frauchen oder Herrchen die Treppe hinaufhüpft.

TIPP

Fast nebenan, im friedlichen Innenhof des Historischen Museums einen Kaffee genießen.

Im Sommer wird die Treppe von Badenden gerne als Einstiegspunkt zum Reuss-Schwimmen genutzt. Und so wie die Abenteuerlustigen ihre wasserdichten Dry Bags in die Flussmitte werfen und ihnen fast zeitgleich nachhechten, so beschließen auch die eigenen Gedanken sich flussabwärts mitreißen zu lassen.

- Treppe beim Natur-Museum Luzern, 6003 Luzern
- ÖPNV: Bus 2, 9, 12, Haltestelle Kasernenplatz

You light up my world

44 Lichtkunst beim Lilu Lichtfestival Luzern

Selten macht Luzerns Beiname „Leuchtenstadt“ so viel Sinn wie während des Lilu Lichtfestivals Luzern. Am Anfang des Jahres illuminieren kunstvolle Lichtinstallationen die Sehenswürdigkeiten und Plätze der Stadt und schenken ihr damit ein wenig Wärme in der kalten Jahreszeit. Von fluoreszierenden Roboter-Schwänen, welche auf dem Vierwaldstättersee ein elegantes Schwanenballett aufführen, über schwebende violette Riesenquallen aus durchsichtiger Folie bis zu filigranen Scherenschnitt-Lampions, die den Nationalquai umrahmen, denken sich nationale und internationale Kunstschaffende jedes Jahr neue kreative Inszenierungen aus. Wer nicht weiß, dass sich die Stadt gerade im Lichtfestival-Fieber befindet, staunt nicht schlecht, wenn plötzlich bunte, hypnotisierende Linien über die Treppe vor der Hofkirche kurven oder aus dem Nichts ein kleiner Fisch über den Wasserturm flitzt. Schließlich ist es ein überaus seltener Anblick, den Wasserturm so farbig und interaktiv zu sehen, steht er doch in der Nacht meistens still und unbeleuchtet da.

Da die meisten Lichtinstallationen draußen an öffentlichen Orten stattfinden, ist der größte Teil des Lichtfestivals kostenlos. Für den geführten Lilu-Rundgang sowie die Lichtshows in Kombination mit Musik oder kulinarischem Licht-Dinner wird ein Eintritt verlangt. So auch beim Highlight des Lichtfestivals, der beeindruckenden Lichtshow in der Hofkirche. An der Decke entstehen Sterne und Planeten, Blumen kraxeln an den Säulen der Kirche empor und formen sich organisch zu einem Korallenriff. Noch mehr Gänsehautmomente gibt es, wenn die Lichtshow live vom Hoforganisten begleitet wird. Wer unterwegs Gänsehaut von der Kälte kriegt, kann sich an einem Stand mit heißer Schokolade oder Glühwein aufwärmen. Und wenn Frau Holle Lust hat, wird der Besuch des farbigen Lichtspektakels sogar von einem sanften Schneefall begleitet. Viel magischer wird's nicht mehr.

TIPP

Der beste Platz für die Lichtshow in der Hofkirche ist am Boden liegend im Mittelgang.

- Lilu Lichtfestival Luzern, www.lichtfestivalluzern.ch
- ÖPNV: diverse Linien, Haltestelle Bahnhof

LILU

Gutenachtkuss über Kriens

45

Das Abendrot genießen auf dem Sonnenberg

Der Sonnenberg ist ein richtiger Tausendsassa: Naherholungsgebiet, Outdoor-Freizeitanlage, Einkaufsladen für regionale Bioprodukte, Sternwarte für die schönsten Sternschnuppen, Kinderspielplatz inklusive interaktivem Rundweg, Musikfestival-Location und Weinanbaugebiet mit der schönsten Aussicht über die Zentralschweizer Berglandschaft und das Mittelland. Vor allem nach Feierabend, wenn sich die Sonne langsam neben dem Pilatus schlafen legt und die sanften Hügelzüge des Sonnenberges mit einem orangefarbenen Schimmer überzogen werden, lohnt sich ein Spaziergang auf den „kleinen Hausberg" Luzerns. Ob vom Obergrund-Quartier, über den Gütschwald oder von Kriens aus mit der nostalgischen Standseilbahn von 1902: Viele Wege führen nach Rom und noch mehr auf den Sonnenberg. Die Rundumsicht ist bestechend schön: Während auf der einen Seite Pilatus, Rigi, Stanserhorn und Bürgenstock den glitzernden Vierwaldstättersee umrahmen, schweift der Blick auf der anderen Seite über den Rotsee und die weichen Hügelzüge des Mittellandes. Wer noch frisches, regionales Biogemüse für das Abendessen sucht, kehrt in einen der dort ansässigen Hofläden ein. Gleichzeitig läuft die Joggingkultur auf Hochtouren durch den lichten Wald. Neben den Weinreben genießen Paare den Pilatus im Sonnenuntergangsschimmer auf ihrer Picknickdecke.

TIPP
In einem der kleinen Hofläden vorbeischauen und lokale Produkte wie Gemüse oder Käse einkaufen.

Wenn das „blaue Bähnli" wieder rappelvoll ist und die wummernden Bässe Scharen von jungen Leuten auf den Hügel locken, dann ist wieder Zeit für das dreitägige B-Sides-Festival. Und wenn ein fröhliches Blöken von den Wiesen erklingt, dann weidet gerade der Wanderschäfer Ernst Vogel mit seinen 1000 Schafen auf den Wiesen des Sonnenberges. Ja, der Sonnenberg ist ein wahrer Verwandlungskünstler und präsentiert sich vor allem im Abendrot von seiner schönsten Seite. Und nach diesem Gutenachtkuss von der untergehenden Sonne beginnt die Heimreise nach Luzern.

- Sonnenberg, 6010 Kriens
- B-Sides-Festival, https://home.b-sides.ch
- ÖPNV: Bus 10, Haltestelle Obergütsch oder Sonnenbergbahn ab Waldheimstrasse (erreichbar mit Bus 15, Haltestelle Kriens, Obere Weinhalde)

Es grünt so grün, wenn …

46 … Luzerns Kapellbrücke-Blüten blühen

Es ist fünf Uhr morgens. Die Kapellbrücke steht ruhig und taufrisch von der vergangenen Nacht da. Die ersten Sonnenstrahlen schmiegen sich an die hölzernen Pfähle und färben sie hellorange. Auf der Reuss genießt ein Entenpaar sein Morgenbad. Die verschlafene Stimmung wird nur durch das holprige Rollen der Schubkarren unterbrochen. Die zarten Pflanzenköpfe hüpfen fröhlich im Rhythmus der Bodenschwellen mit und freuen sich auf die kommende Zeit. Jeweils Anfang Mai montiert die Stadtgärtnerei 278 Blumenkisten an die Balustraden der Kapellbrücke. Darin finden die wohl meistfotografierten Blumen der Schweiz Platz. Wer bei diesem Spektakel dabei sein will, muss aber schon früh aus den Federn hüpfen.

Die Vorbereitungszeit für diesen historischen Tag dauert rund ein Jahr und gilt als Highlight für die Stadtgärtnerei. Schließlich stecken hinter dem beliebten Blumenarrangement viel Arbeit und Herzblut. Die Stadtgärtnerei ändert nicht nur jährlich die Farbpalette, auch die Pflanzenkombinationen werden immer wieder aufs Neue kombiniert und arrangiert. Von der Aufzucht der robusten Pflanzen bis zum Mischen der Spezialerde und der Pflege während des Jahres ist alles made in Luzern. Auch das Gießen der Blumenkisten ist reine Handarbeit und bedeutet wöchentlich fünf bis sechs Stunden Aufwand.

Während die Blumen im Frühling ihre kleinen Blumenköpfe knapp über den Topfrand strecken können, zieren sie im Hochsommer in üppigem Grün und gesprenkelt mit knalligen Farben die beiden Brückenflanken in einem breiten verspielten Band. Wer die Kapellbrücke in ihrer vollen Blütenpracht erleben möchte, besucht die floralen Schönheiten am besten zwischen August und September. Ende Oktober landen die Blumen auf dem Kompost, wo sie bereits von ihrer nächsten Saison träumen. Die Grundlage für die Blumenerde des nächsten Jahres ist gelegt.

- Kapellbrücke mit Wasserturm, 6002 Luzern, www.kapellbruecke.com
- ÖPNV: diverse Linien, Haltestelle Bahnhof

Abtauchen in neue Welten

47 Kunst- und Kulturzentrum Neubad

Von außen wäre der graue Betonklotz schnell zu übersehen, würde nicht ein riesiger Blauwal an der Fassade vorbeischwimmen. Das 100 Quadratmeter große Graffiti an der Bireggstrasse verrät, dass sich hinter diesen grauen Wänden wahrlich magische Dinge abspielen. Das Neubad ist die Zwischennutzung des ehemaligen Hallenbades der Stadt Luzern und wird seit 2013 als Veranstaltungslocation, Bistro, Quartiertreff, Gartencafé und Galerieraum genutzt. Im Nichtschwimmerbecken werden Co-Working-Arbeitsplätze angeboten. Im früheren Garderobenbereich können Kreativschaffende, Selbstständige und Start-ups einen Atelierplatz mieten und im gemeinsamen Dialog nebeneinander arbeiten. Während im Fotolabor analoge Filme zur Entwicklung abgegeben werden können, findet in der „Bücherhalle“, dem ehemaligen Barrierenwärterhaus neben den Gleisen, ein unkomplizierter Büchertausch statt. Nachteulen tanzen im Club, dem ehemaligen Wasseraufbereitungsraum, durch die Nacht. Neben der grün bepflanzten Piazza mit süßen Girlanden bleibt das Highlight des Neubades aber das große, leere Schwimmbecken mit der türkisfarbenen Wasserrutsche. Das Hallenbad wird heute für Poetry-Slam-Abende, Konzerte von Nachwuchsbands oder den beliebten „Strandgut“-Flohmarkt genutzt. Neben hübschen Kleidern und Schuhen werden alte Bücher, Lampen, Schallplatten und handgefertigte Kunstobjekte angeboten. Im Anschluss kann im Neubad-Bistro ein hausgemachter Bagel genossen werden, beispielsweise mit Brie, Zwiebelconfit, Apfel und Sprossen. Im Bistro findet zudem wöchentlich das „Queerbad“ statt, ein Treff für alle, welche sich mit LGBTQI identifizieren. Und auch das Répair-Café hält hier immer wieder Einzug und schenkt defekten Alltagsgegenständen gemeinsam mit freiwillig engagierten Fachleuten ein zweites Leben. Ja, im ehemaligen Biregg-Hallenbad planschen heute zwar keine Wasserratten mehr, stattdessen stoßen aber andere mit ein wenig Glück auf wahre Schätze und Kultur-Perlen an.

TIPP

Öffentliche Führungen sind kostenlos und finden immer am letzten Dienstag im Monat statt.

● Neubad, Bireggstrasse 36, 6003 Luzern, Tel. +41 (0)41 3 60 60 66, www.neubad.org
● ÖPNV: Bus 4, Haltestelle Steghof

POOLBAR

Königin der Berge

48

Auf der majestätischen Rigi

Die Rigi wird zu Recht „Königin der Berge“ genannt. Beeindruckend erhebt sie sich zwischen Zuger-, Lauerzer- und Vierwaldstättersee und besticht mit einer überwältigenden Panoramasicht auf den Alpenkranz und das Mittelland. Was gibt es Schöneres, als gedankenversunken aus dem Fenster zu schauen und den Blick über die kantigen Berggipfel in der Ferne schweifen zu lassen, während die Bergbahn gemächlich durch blumenübersäte Almwiesen auf 1797 Meter hinauftuckert. Die Fahrt mit der roten Zahnradbahn Vitznau-Rigi Kulm ist aber nicht nur rekordverdächtig schön. Durch ihre Einweihung 1871 hält sie auch den Rekord als erste Bergbahn Europas. So spektakulär wie die Transportmittel auf die Rigi sind auch die traumhaften Aussichten auf dem 120 Kilometer langen Wanderwegnetz. Besonders empfehlenswert ist der Aussichtspunkt Känzeli mit seinem Weitblick über den Vierwaldstättersee. Auf der Alp Chäserenholz wartet würziger Alpkäse darauf, als Souvenir mit nach Hause genommen zu werden und auf Rigi Kaltbad lohnt sich ein Abstecher in das vom Schweizer Architekten Mario Botta gestaltete Mineralbad & Spa. Wer im Winter dem Nebel im Flachland entfliehen möchte, besteigt den Berg und genießt bei einem warmen Tee die Aussicht auf das Nebelmeer. Ein Ausflug auf die Rigi lässt sich wunderbar mit einer Schifffahrt kombinieren. Beispielsweise mit dem Schiff ab Luzern bis nach Vitznau und von dort mit der Zahnradbahn nach Rigi Kulm, wo ein gemütlicher Wanderweg nach Rigi Kaltbad führt. Von dort fährt die Luftseilbahn zurück nach Weggis.

Dank ihrer außergewöhnlichen Lage war die Rigi bereits im 18. Jahrhundert europaweit als Ausflugsberg bekannt. So ließ sich zum Beispiel Königin Viktoria mit einer Sänfte hinauftragen und der englische Maler William Turner hielt die Rigi in romantischen Aquarellen fest.

TIPP

In den Sommermonaten gibt es exklusive Sonnenaufgangsfahrten auf die Rigi.

● Rigi, Tel. +41 (0)41 3 99 87 87, www.rigi.ch

● ÖPNV: Aufstieg nach Rigi Kulm mit der Zahnradbahn ab Vitznau oder Arth-Goldau, Seilbahn von Weggis nach Rigi Kaltbad, dann hochwandern oder mit der Bergbahn weiterfahren

Von allem nur das Beste

49 Ohren- und Gaumenschmaus in der Jazzkantine

In der Jazzkantine ist immer was los. Jeden Tag ab 10 Uhr erfüllt der Duft von frisch gebackenem Brot den Löwengraben vor dem Lokal. Das beste Sauerteigbrot der Stadt ruft – und die Leute kommen. Belegt sind die luftigen Scheiben entweder klassisch mit Butter und Marmelade oder opulent mit Rauch-Forelle und Apfelkren. So traditionell der Start in den Tag ist, so überraschend ist das jeweilige Mittags- und Abendmenü. Einmal vom benachbarten Acker, einmal aus den umliegenden Bergen, einmal fangfrisch aus dem Vierwaldstättersee. Alle Zutaten sind stets regional und werden von befreundeten Produzentinnen und Produzenten geliefert. Die Jazzkantine teilt mit diesen die Leidenschaft für geschmacksintensive und lokale Lebensmittel und die naturnahe Arbeitsweise. Und diese Regionalität entfaltet sich definitiv in den servierten Gerichten. Zu jedem Mittagsmenü gibt es natürlich auch eine vegetarische Variante. So wird das gebratene Forellenfilet mit Weißweinsauce kurzerhand durch geröstetes Rotkraut mit Frischkäse ausgetauscht.

Die Jazzkantine ist aber nicht nur Café, Bäckerei und Restaurant. Am Abend verwandelt sich die Location in der Luzerner Altstadt in ein Konzertlokal mit Bar und ehrt damit ihren musikalischen Namen. Die Jazzkantine wurde vor rund 20 Jahren von der Luzerner Jazzschule ins Leben gerufen und sollte den Studierenden die Möglichkeit für regelmäßige Jamsessions bieten sowie auch anderen Kulturinteressierten und spontanen Konzertbesucherinnen und -besuchern offenstehen. Auch wenn die Jazzschule seit Kurzem aus dem Gebäude weggezogen ist, sind die Studierenden und die inspirierende Atmosphäre noch immer im Lokal anzutreffen. Dank dem neu gegründeten Verein „Kultur im Graben" werden auch die überraschenden Jazz- und Volksmusikkonzerte im Konzertlokal weitergeführt.

TIPP

Am ersten Dienstag des Monats findet die Konzertreihe „Stubete in der Beiz" statt.

● Jazzkantine zum Graben, Grabenstrasse 8, 6004 Luzern, Tel. +41 (0)41 410 73 73
www.jazzkantine.com
● ÖPNV: Bus 1, 6, 7, 8, 14, 19, Haltestelle Schwanenplatz

SLIMO! MIRTO
'ROASTERS'-KAFFEE APFELSAFT
SBIER 'GRABEN' OFFEN
OSEN VON HALDIHOF CRAFT-BIERE!

Besinnliche Magie

50 Ein Adventsspaziergang durch Luzern

Wenn die ersten Schneeflocken sich auf die Bäume setzen und die Stadt im Glanz der Lichterketten eingehüllt wird, beginnt in Luzern die Adventszeit. Ein Hauch von Magie hängt in der eisigen Winterluft und der Weihnachtszauber schleicht sich ganz unbemerkt unter die Wollhandschuhe und Strickmützen. Die komplette Luzerner Weihnachtspracht lässt sich am schönsten auf einem besinnlichen Spaziergang mit einer Tüte Maroni in den Händen erleben. Der Weihnachtsmarkt „Rudolfs Weihnacht“ lockt auf dem Inseli mit einem authentischen Holz-Fondue-Chalet, gemütlichen Holzhütten zum Verweilen und Märchengeschichten in der kuscheligen Kinderjurte. Doch auch auf dem Weihnachtsmarkt beim Franziskanerplatz dampfen die Glühweintassen und der Duft von ofenfrischem Weihnachtsgebäck weht durch die lichterkettengesprenkelten Weihnachtsstände. Und wer sich durch Food-Stände mit Delikatessen aus aller Welt probieren will, besucht den Weihnachtsmarkt Venite auf dem Kapellplatz.

Unter einem Himmel von lichtergeschmückten Bögen aus Tannenzweigen gleitet der Blick vom Rathaussteg zu den großen Lichterkronen über der Reussbrücke. Unter der Egg kuscheln sich die Leute im Winterwald des Zunfthausrestaurants Pfistern in die wohlig warmen Decken und ziehen ihre Brotstücke durch eine der 100 Käsefondue-Variationen. Weihnachtsbäume säumen das Ufer der Reuss, in welcher sich die Lichterketten wie 1000 Glühwürmchen reflektieren. Auf der Terrasse des KKLs genießen die Besucherinnen und Besucher inmitten von festlich geschmückten Weihnachtsbäumen den Blick auf die glitzernde Altstadt. Gleich darunter gleiten Jung und Alt über das bunt beleuchtete Eisfeld, während der Wind die Weihnachtsmusik aus den Boxen über den See trägt.

- Weihnachtsmärkte Luzern, www.weihnachten-luzern.ch
- ÖPNV: diverse Linien, Haltestelle Bahnhof

RUDOLFS
WEIHNACHT

Perfekt fürs erste Date

51 Romantik pur im Schlössli Utenberg

Der märchenhafte Schlossgarten des Schlössli Utenberg verzückt mit einem atemberaubenden Panorama über den Vierwaldstättersee, bunten Blumenbeeten und antik angehauchten Statuen. Ein wunderbarer Rückzugsort, um zu verweilen und dem Vogelgezwitscher zu lauschen. Nebst einem historischen Taufbecken finden sich auch Säulen, leere Brunnen und ein mit Pflanzen überwachsener Pavillon im Park. Dieser Garten Eden auf dem Dietschiberg ist ein Ort zum Daten, sich Verlieben und Heiraten. Der reizende Pavillon eignet sich nämlich hervorragend für verliebte Hochzeitsbilder und um Glücksmomente für die Ewigkeit einzufangen. Wer alleine auf einem Spaziergang die Gegend erkundet, kann sich in den türkisfarbenen Vierwaldstättersee und das spektakuläre Alpenpanorama verlieben und gedankenversunken den kleinen Segelschiffen in der Ferne nachschauen.
Ebenso bezaubernd wie der Garten und die Aussicht ist das im Rokokostil eingerichtete Interieur des Schlössli Utenbergs. Das altehrwürdige Patrizierhaus bietet mit einer aussichtsreichen, gläsernen Orangerie, einem prächtigen Festsaal und weiteren charmanten Räumlichkeiten den idealen Veranstaltungsort für die nächste Geburtstagsfeier, für Business-Seminare oder Märchenhochzeiten.
Im Rokoko Café entspannen spontane Tagesgäste bei Kaffeespezialitäten, hausgemachten Wähen und fürstlichen Apéro-Platten. Wem die sonnenverwöhnte Terrasse noch nicht genug ist, kann im Schlössli einen Picknickkorb abholen und sich im Schlosspark ausbreiten. Die angebotenen Liegestühle machen das außergewöhnliche Picknickerlebnis noch einen Tick gemütlicher. Die Schlössli-Picknickkörbe beinhalten allerlei Köstlichkeiten und können neben der klassischen Variante auch mit vegetarischen und veganen Knabbereien bestellt werden.

- Schlössli Utenberg & Rokoko Café, Utenberg 1, 6006 Luzern, Tel. +41 (0)41 7 68 90 10, www.schloessli-utenberg.ch
- ÖPNV: Bus 14, Haltestelle Klinik St. Anna

Heimattouristin

52 Unbekanntes entdecken bei der Stadtführung

Es gibt zwei Arten, eine Stadt auszukundschaften. Einerseits auf einem ausgedehnten Spaziergang. Dieser gestaltet sich dann meistens etwas willkürlich, führt einen dafür aber zufällig an versteckte Orte. Andererseits lässt sich eine Stadt wunderbar auf einer geführten Stadttour erkunden. Der Vorteil ist, dass ohne aufwendige Recherche im Voraus einem ausgewählte Stadtperlen mit historischer und aktueller Relevanz präsentiert werden.

Auf der Themenführung „Ächt Lozärn" bietet Luzern Tourismus genau das. Eine abwechslungsreiche Führung, fernab der klassischen Attraktionen Kapellbrücke, Löwendenkmal und Museggmauer – und das ganz diskret ohne Fähnchen oder Schirm in der Luft. Die charmante Stadtführerin brennt für die Stadt und lässt die Teilnehmenden an ihrer Leidenschaft für Luzern teilhaben. Im Rahmen der zweistündigen Führung wird die Gruppe in stille Ecken, Gassen und Winkel der Stadt entführt. Darunter sind Orte, welche Einheimische vielleicht kennen, aber deren bewegte Geschichte ihnen bis jetzt gänzlich unbekannt war. Beispielsweise das Paradiesgässli oder das Zöpfli. Falls der Tag passt, wird die Führung sogar in ein altes Luzerner Bürgerhaus verlängert, wo sich im Inneren ein kostbares Wandgemälde und eine neue Sicht auf die Reuss offenbart. Start der Tour ist beim Torbogen vor dem Bahnhof.

Ganz im Sinne dieses authentischen Rundgangs durch Luzern wird die Führung nur in Schweizerdeutsch abgehalten und mit zusätzlichen Luzerner Wörtern gespickt. Die öffentliche Führung findet jeweils einmal im Monat statt, während private Gruppenführungen jederzeit gebucht werden können.

TIPP

Luzern Tourismus bietet viele weitere Themenführungen an wie „Frauen, die Luzern bewegten".

● Tourist Information Luzern, Zentralstrasse 5, 6002 Luzern, Tel. +41 (0)41 2 27 17 17
www.luzern.com/fuehrungen
● ÖPNV: diverse Linien, Haltestelle Bahnhof

GRAF
GRAF

Wo Musik den Ton angibt

53

Verschmelzung von Kultur und Architektur im KKL

„Wenn ich nicht zum Wasser gehen kann, soll das Wasser zu mir kommen", dachte sich der bekannte französische Architekt Jean Nouvel, als seine Idee für das neue Kultur- und Kongresszentrum Luzern aus städtebaulichen und ökologischen Gründen nicht realisiert werden konnte. Statt den Konzertsaal in den See hinauszubauen, fließt der See nun in Wasserkanälen direkt ins Gebäude hinein. Das auskragende, immer dünner werdende Dach verschwindet in der Weite des Vierwaldstättersees. Eine riesige Dachkonstruktion, massiv und hauchzart zugleich, sodass alle darunter spazierenden Leute einen kurzen Moment stehen bleiben und innehalten. Ein Gefühl von unendlicher Freiheit breitet sich aus, während rundherum das Leben auf dem Europaplatz weiterpulsiert. Das Wasserspiel des Wagenbachbrunnens plätschert genüsslich vor sich hin. Auf dem Holzdeck sitzen Menschentrauben in der Sonne und genießen die Sicht auf den historischen Stadtkern und die anlegenden Schiffe mit einem Apéro in der Hand.

Die drei eigenständigen Gebäudekomplexe des KKL scheinen wie Schiffe nebeneinander in einer Werft zu ruhen. Jeder einzelne Komplex ist in seiner Bauweise charakteristisch und imposant. Herzstück des KKL Luzern bleibt aber der Konzertsaaltrakt mit seinem akustisch brillanten Konzertsaal. Weltberühmte Dirigenten, Orchester und Solistinnen sorgen ab der ersten Note für unvergessliche Gänsehautmomente, zum Beispiel beim Lucerne Festival oder bei einem spektakulären Konzert des Luzerner Sinfonieorchesters. Während die türkisfarbene Glasfassade des KKL die Farben des Sees reflektiert, begeistert der Konzerttrakt mit granatroten und nachtblauen Nuancen. Die gewölbte Holzfassade erinnert gewollt an einen Cellokasten. Das KKL vereint nicht nur Natur und Architektur auf ästhetische Weise miteinander, sondern stellt auch eine kunstvolle Brücke zwischen dem historischen und modernen Luzern her.

TIPP

Das Panorama in einem der zahlreichen Restaurants und Bars des KKL Luzern genießen.

● KKL Luzern, Europaplatz 1, 6005 Luzern, Tel. +41 (0)41 2 26 70 70
www.kkl-luzern.ch
● ÖPNV: diverse Linien, Haltestelle Bahnhof

Ein Herz für (Wild-)Tiere

54 Mit der Familie im Natur- und Tierpark Goldau

Mit neugierigen Augen streift ein Sikahirsch durch den Natur- und Tierpark Goldau und streckt erwartungsvoll seine Zunge nach den schmackhaften Leckerlis in der ausgestreckten Hand der Besucherinnen und Besucher. Ein Fischotter wirbelt durch das Wasser und hüpft mit einer gekonnten Schraube auf den nassen Felsen. Und Familie Wildschwein lässt sich die warme Sonne genüsslich auf den Bauch scheinen. Im Park sind rund 100 heimische und europäische Wildtierarten anzutreffen. Vom Alpenmurmeltier bis zur Zwergziege, vom großen flauschigen Syrischen Braunbären bis zum neongrünen Europäischen Laubfrosch bietet der Tierpark vor allem bedrohten Tierarten ein Zuhause. Mit der Erhaltung und Wiederansiedlung gefährdeter Tierarten, wie beispielsweise des Bartgeiers oder des Wisents, in Europa, spielt der Tierpark einen wichtigen Part bei der Weiterführung der genetischen Vielfalt.

Besonders nahe kommen Groß und Klein den süßen Sikahirschen und Mufflons in der Freilaufzone. Hier dürfen die Tiere aus der Hand mit Spezialfutter gefüttert werden. Wer noch etwas für seine Ausdauer machen möchte, besteigt den knapp 30 Meter hohen Tierpark-Turm. Zuoberst begrüßt einen das Bergpanorama mit Rigi und Mythen und dem funkelnden Zuger- und Lauerzersee sowie ein weiter Ausblick über den gesamten Tierpark. In der Freiluftausstellung kann mit Bären und Wölfen, welche vergnügt in der riesigen Anlage herumtollen, miteinander spielen und sich ein Erfrischungsbad im Pool gönnen, schon fast auf Tuchfühlung gegangen werden. Und dank der verborgenen Beobachtungshütte können auch die Wildkatzen ungestört herumschmusen. Wer mit Kind und Kegel unterwegs ist, findet unterwegs immer wieder Abenteuerspielplätze sowie Picknick- und Grillplätze zum Pausieren und Austoben.

- Natur- und Tierpark Goldau, Parkstrasse 26, 6410 Goldau, Tel. +41 (0)41 8 59 06 06 www.tierpark.ch
- ÖPNV: S3 und IR nach Arth-Goldau

Dem Ruf des Sees folgen

55 Historisches Badevergnügen im Seebad

Manchmal ist das schönste Badevergnügen mitten in der Stadt anzutreffen. Gegenüber den historischen Hotelbauten am Nationalquai ragt das charmante Seebad aus dem Wasser. Der Belle-Époque-Bau ist ganz in Holz gehalten und bietet Wasserratten zwei Innenhöfe mit Seewasser-Schwimmbecken, ein großes Sonnendeck zum Bräunen und einfache Umkleidekabinen mit historischem Charisma. Über eine Treppe gelangen die Badegäste ins Nichtschwimmerbecken und folgen von hier dem Ruf des Sees. Mit Blick auf den Pilatus schwimmt es sich einfach doppelt so schön. Es ist ein unbeschreibliches Gefühl aus dem Seebad herauszuschwimmen, den Kopf unter Wasser zu halten, dem dumpfen Rauschen des Sees zu lauschen, nur um anschließend wiederbelebt aufzutauchen und den Bergen entgegenschwimmen zu können.

TIPP

Ermäßigter Eintritt über den Mittag und ab 18 Uhr.

Spätestens um 20 Uhr findet das kühle Badevergnügen ein Ende und die Taucherbrille wird auf der sonnenverwöhnten Dachterrasse gegen ein Glas Wein oder einen hausgemachten Eistee getauscht. Die „Badi-Küche" serviert unkomplizierte, saisonale Gerichte, inspiriert von der mediterranen sowie asiatischen Esskultur, während der Himmel schon wieder rosarote Ränder bekommt. Durch seinen zentralen Standort mitten in der Stadt wird das Seebad vor allem über Mittag und nach Feierabend gerne frequentiert. Wer also den nostalgischen Charme des hölzernen Kastenbades für sich haben möchte, packt seine sieben Badesachen am Morgen oder Nachmittag. Das Seebad ist aber nicht nur Freiluft-Badeanlage, sondern auch Veranstaltungsort für kulturelle Anlässe. Wer zum Beispiel die innere Ruhe beim Schwimmen noch nicht gefunden hat, findet sie vielleicht beim Yoga unter freiem Himmel. Der Blick über den Vierwaldstättersee entspannt auf jeden Fall schon mal.

● Seebad, Nationalquai, 6006 Luzern, Tel. + 41 (0)41 410 18 12
www.seebadluzern.ch
● ÖPNV: Bus 6, 8, 24, Haltestelle Casino-Palace

Einmal Lars Vegas!

56

Weltklasse-Cocktails im Karel Korner

Das Karel Korner mischt seit seiner Eröffnung 2015 nicht nur die Schweizer Barszene mächtig auf, sondern auch punktgenaue und aussagekräftige Cocktails. Die Auswahl der Drinks ist eine kreative Pilgerfahrt durch das Land der flüssigen Möglichkeiten. Die sorgfältig arrangierte Karte ist nämlich nicht nach Spirituosen, sondern nach Stimmungen geordnet. Wer sich nach „Fernweh-Umami-Pulsierend" fühlt, stößt beispielsweise auf den „Ayurveda Bla Bla", eine Mischung aus Haldihof Romm Blanco, Pampero-Aniversario-Rum, Zitronensaft, gezuckerter Milch und Chai-Gewürzen vom Luzerner Tee-Geschäft „L'art du thé". Neben den bekannten Spirituosen-Marken sind die eigentlichen Stars im Glas aber die lokalen Produkte, wie der Haldihof-Gin aus Weggis, oder die hausgemachten Zutaten, wie der Wassermelonensirup oder der Wildkräuter-Lavendel-Sud für den „Lauten Lavendel". Durch die regionalen Zutaten erhalten auch klassische Drinks, wie der Manhattan, einen neuen Luzerner Twist. Die Cocktailkirsche wird in der Luzerner Neuinterpretation kurzerhand durch eine selbst eingelegte Sauerkirsche ausgetauscht.

Der Besuch der kleinen, trendigen Bar in der Neustadt lohnt sich schon allein wegen der ausgefallenen Cocktailnamen. Natürlich alles selbst kreierte Kreationen des herausragenden Barteams. „Aroma Oma" und „Lars Vegas" sind überraschende Gin-Drinks, der „Wurzelpeter" kommt mit Wodka daher und beim „Affenfrühstück" nippen die Gäste an Bourbon mit Erdnussbutter-Infusion und Bananensirup. Solch coole Drinks gehören natürlich in einer coolen Atmosphäre genossen. In der Gault Millau hochgelobten Bar treffen Vintagemöbel auf Dadaismus. Die Einrichtung ist zurückhaltend und elegant zugleich. Im Hintergrund plätschert der Electrosound zum Klang des Cocktailshakers, während die Bargäste zum ersten Schluck des „Gurken-Schurken" ansetzen.

TIPP

Das Karel Korner bietet auch Cocktail-Kurse an.

● Karel Korner, Winkelriedstrasse 30, 6003 Luzern, Tel. +41 (0)41 210 03 70
www.karelkorner.ch
● ÖPNV: Bus 4, 6, 7, 8, 21, Haltestelle Kantonalbank

Die Stadt als Gym

57 Treppensteigen als urbaner Sport

Sport muss nicht immer in einer stickigen Halle oder in einem verschwitzten Fitnessstudio stattfinden. Sport kann auch einfach spontan passieren – zum Beispiel bei einem ausgedehnten Stadtspaziergang durch Luzern. Die von der Fitness-App gewünschten 10.000 Schritte sind im Handumdrehen erreicht und die Lungen werden gleichzeitig noch mit frischem Sauerstoff gefüllt. Wer die Stadt zu seinem Gym machen will, rennt sich einfach die Laufschuhe auf den zahlreichen Treppen platt. Damit sind auch das Po- und Bein-Workout bereits erfolgreich absolviert. Ein Glück, dass es in Luzern eine große Anzahl an Treppen gibt, wo sich wunderbar das eine oder andere Outdoor-Fitnessprogramm durchführen lässt.

Mit 200 Stufen ist die Hexenstiege wohl die längste öffentliche Treppe der Stadt. Sie startet relativ unscheinbar zwischen Löwendenkmal und Bourbaki und führt hinauf ins Wesemlinquartier. Unterwegs säumt ein ominöser Bambuswald die Hexenstiege. Was wohl seine Geschichte ist? Auch einzelne Palmenblätter bahnen sich den Weg durch die Bambuswand und so wird der Anschein erweckt, dass auf der gegenüberliegenden Seite wohl eine private Parkanlage voll mit tropischen Pflanzen gedeiht. Aber wirklich wissen werden wir es wohl nie. Oben angekommen, heißt einen die Aussicht auf das Suva-Hauptgebäude, welches prominent über dem Felsabbruch oberhalb der Zürichstrasse thront, willkommen. Es lohnt sich noch ein paar Schritte dem Kapuzinerweg Richtung See zu folgen, um den Ausblick auf die Stadt und die Hofkirche mal aus einer anderen Perspektive zu bewundern.

Ebenfalls etwas Ausdauer verlangt der Gigeliweg im Obergrundquartier, die Bergtreppe auf dem Bramberg oder der Treppenaufstieg zum Konsipark. Natürlich werden auch hier die Trainingseinheiten mit einer wunderschönen Aussicht belohnt.

● Hexenstiege, 6004 Luzern
● ÖPNV: Bus 1, 19, Haltestelle Löwenplatz

Gänsehautmomente im Park

58 Pavillonkonzerte auf dem Kurplatz

Seit über 100 Jahren füllt sich der Kurplatz zwischen dem Schweizerhofquai und dem Nationalquai mit Musik. Jazzbands bespielen den Platz mit funkigen Rhythmen und klebrigen Blues-Melodien, Blasorchester entlocken den Zuhörenden ansteckendes Fußwippen und Jodler-Chöre geben ihre traditionellen Stücke zum Besten. Die kostenlosen Pavillonkonzerte finden von Juni bis September bei guter Witterung statt. Dreimal die Woche bespielen diverse Musikformationen aus allen möglichen Genres die Seepromenade. Während die Musik den Ohren schmeichelt, bietet die Bühne etwas fürs Auge. Die mosaikgeschmückte Bühnenmuschel ist im geometrischen Jugendstil erbaut und leuchtet am Abend dank zahlreicher LED-Lampen wie ein Himmel voller Sterne. Neben dem Pavillon spielen Menschen mit unterschiedlichem kulturellem Hintergrund zusammen Petanque und lauschen der Musik aus der Ferne. Die Bands auf der Bühne tragen ihr Repertoire leidenschaftlich vor, während vorbeispazierende Menschen spontan stehen bleiben und andere wieder aufbrechen, um ihren Verabredungen zum Abendessen nachzugehen. Auf dem Kurplatz kann alles und muss nichts. Frisch interpretierte Stücke finden genauso Platz wie einstudierte Songs. Jedes Solo wird mit Publikumsapplaus gewürdigt, vor der Bühne tanzt eine Familie unbesorgt mit ihren Kindern und hinter den grünen Stuhlreihen wiegt sich ein Pärchen eng umschlungen im Licht der pfirsichfarbenen Sonnenuntergangsstimmung. Die Band entlässt die Zuhörerschaft in den lauen Sommerabend mit Louis Armstrongs „What a Wonderful World“. In der Tat, das ist sie – für alle, die bereit sind, die Schönheit auch in den kleinen Dingen zu suchen.

- Musikpavillon, Kurplatz, 6006 Luzern
- ÖPNV: Bus 1, 6, 8, 19, 24, Haltestelle Luzernerhof

Schenken macht glücklich

59 Schweizer Design shoppen bei Fidea Design

Klar, Geschenke erhalten macht glücklich. Verschiedene Studien zeigen aber, dass auch die Schenkenden Glücksgefühle erleben. Und zwar nicht nur, wenn das Präsent feierlich überreicht wird, sondern bereits vorher bei der Geschenkauswahl im Laden. Und ein solches Geschäft voller kribbelnder Glücksmomente ist der Fidea Design Concept Store. Eine Insel des Glücks mitten in der Luzerner Altstadt. Das Schweizer Label für kreatives Design steht für schöne, außergewöhnliche und intelligente Produkte, welche mit einem ungewohnten Twist zum Nachdenken, Genießen oder Schmunzeln anregen. Gründerin Franziska Bründler und ihrem Team liegt es besonders am Herzen, dass die Produkte von sozialen Schweizer Institutionen hergestellt und verarbeitet werden.

Doch welche Glücklichmacher präsentieren sich nun im lichtdurchfluteten Concept Store? Von stylischen Fruchtfliegenfallen über raffinierte Küchenutensilien und Blüten-Kräuterbäder in Form von klassischen Teebeuteln bis zu wortgewandten Postkarten und amüsanten Memoryspielen, wo der Luzerner Dialekt erlernt werden kann, bietet Fidea Design die ganze Bandbreite an Schweizer Designprodukten an. Und wenn die Adventszeit wieder viel schneller als erwartet vor der Tür steht, liefern hübsch illustrierte Mini-Adventskalender täglich praktische Ideen für einen nachhaltigen Lebensstil oder das nächste Gourmet-Menü.

Seit 2009 organisiert Fidea Design zudem die Luzerner Designtage „DesignSchenken". Junge und etablierte Designerinnen und Designer präsentieren drei Tage lang ihre innovativen und einzigartigen Produkte aus den Bereichen Dekoration, Keramik, Mode, Möbel, Spiel, Papeterie und Schmuck. Und auch dort gilt wieder das Motto: Wer anderen aus vollem Herzen ein sorgfältig ausgewähltes Fidea-Produkt schenkt, fühlt sich selbst auch glücklicher.

- Fidea Design Concept Store, Hertensteinstrasse 20, 6004 Luzern
www.fideadesign.com
- ÖPNV: Bus 1, 6, 8, 19, 24, Haltestelle Luzernerhof

VOM GLÜCK ZU REISEN
100 DINGE

Unerwartete Glücksgefühle

60 Ferngenuss beim Aussichtspunkt Bergstrasse

Mitten im Hochwachtquartier, wo sich Mehrfamilienhäuser fein säuberlich aneinanderreihen, gibt es eigentlich keine großen Überraschungen. Umso schöner, wenn ein Kleinod, wie der Aussichtspunkt Bergstrasse, völlig unerwartet aus dem Nichts auftaucht. Die winzige Aussichtsplattform befindet sich auf einer kleinen Erhebung am Rande der Bergstrasse, eingerahmt von hüfthohen Büschen und bewohnt von zwei großen Kastanienbäumen. Mit etwas Fernweh wandert der Blick über die faszinierende Bergsilhouette. Rigi, Niederbauen, Bürgenstock – die Zentralschweizer Berge zeigen sich von ihrer schönsten Seite. Ein Schiff gleitet lautlos über die ruhige Wasseroberfläche des Vierwaldstättersees. Was für eine Idylle mitten im Wohnquartier.

Ein älteres Ehepaar sitzt auf einer der Parkbänke und bewundert den Ausblick über die Stadt Luzern, die Hofkirche und das dahinterliegende See- und Bergpanorama. Vielleicht kehren sie jeden Tag nach ihrem gemütlichen Spaziergang auf dem Bramberg hierhin zurück, um den Sonnenuntergang zu beobachten und um gemeinsam dem wechselnden Farbenspiel des Himmels zuzusehen, welches die Berggipfel orange verfärbt und dem Vierwaldstättersee einen warmen Schleier verleiht. Ob die beiden schon viele Jahre in diesem Quartier wohnen und den Aussichtspunkt bei der Bergstrasse zu ihrem individuellen Glücksort erkoren haben?

Ein Glücksort ist der Aussichtspunkt auf jeden Fall. Im Herbst umrahmen Blätter im Farbspektrum von gelb bis dunkelrot den Ausblick. Und im Frühling turteln auf der Steinmauer nicht nur flauschige Vögel miteinander, sondern vielleicht auch das ein oder andere Liebespaar. Ja, manche Glücksorte sind etwas versteckter als andere.

- Aussichtspunkt Bergstrasse, Bergstrasse 19, 6004 Luzern
- ÖPNV: Bus 9, Haltestelle Bramberg

Leuchtender Marmor

61 Lichtspiele in der Piuskirche in Meggen

Sakralbauten sind ohne die Inszenierung von Licht nicht denkbar. Licht, das auf friedliche Dunkelheit trifft, sie nicht einzunehmen versucht, sondern gemeinsam mit ihr eine behutsame Atmosphäre schaffen will. Das ist Franz Füeg mit der katholischen Piuskirche in Meggen durch und durch gelungen. Die Kirche gilt als Architektur-Ikone und strahlt ihren Ruhm weit über die Schweizer Grenzen hinaus. Dabei sieht die Piuskirche von außen eher unspektakulär aus. Der schlichte, fensterlose Kubus liegt im westlichen Dorfteil von Meggen in einer lockeren Hangüberbauung und entfaltet seinen Glanz erst beim Betreten des sakralen Innenraumes.

Wie ein unbeschwertes Kleinkind tanzen die Lichtpartikel sanft durch die transluzenten Marmorwände der Piuskirche. Es ist ein unverwechselbarer Anblick, der sich den Kirchenbesucherinnen und -besuchern hier präsentiert. Kein Schnickschnack, keine Gemälde, nur die magnetisch anziehenden Lichtstrahlen, welche bedächtig durch den weißen, durchlässigen Marmor tröpfeln. Jede Marmorplatte fasziniert mit einer anderen Struktur. Einige erinnern an ein prächtiges Tigerfell, andere lassen erahnen, wie es im Inneren eines Bernsteins aussehen könnte. Die Atmosphäre in der Kirche ist eng mit der Sonneneinstrahlung verknüpft. Bei wolkenlosem, sonnigem Wetter füllt sich die Kirche mit warmem, kräftigem Orange, welches das innere Feuer der Betrachterinnen und Betrachter entfacht. Ein Gefühl von Geborgenheit und Wohlwollen durchströmt den Körper. Doch auch wenn einzelne Wolken den Himmel zieren, ist ein Besuch in der Piuskirche ein eindrückliches Erlebnis. So blinken einzelne Marmorplatten im Einklang mit der hinter den Wolken hervorblitzenden Sonne. Ohne Vorwarnung, an welcher Stelle sich die Kirchenwand als Nächstes erhellen wird. Fast so, als möchte einem eine überirdische Macht eine Botschaft per Morsecode übermitteln.

- Piuskirche, Schlösslistrasse 2, 6045 Meggen
- ÖPNV: Bus 24, Meggen Schlössli

Radelnd zum Glück

62

Fahrradtour um die Horwer Halbinsel

Über einem der stahlblaue Himmel, die Sonne angenehm warm auf der Haut, der Fahrtwind in den Haaren. Die pittoreske Landschaft zieht zügig an einem vorbei, während die Stadt Luzern immer weiter in die Ferne rückt. Wer sich gerne auf den Sattel schwingt, ohne dabei gleich das Rennrad-Outfit auszupacken, findet mit der Fahrradtour um die Horwer Halbinsel die perfekte Strecke. Die Tour beginnt beim Kulturlokal Neubad mitten in der Luzerner Neustadt. Über „das Freigleis", die ehemalige Bahntrasse der Zentralbahn, flitzen die Fahrräder quer durch das Neustadtgebiet. Am Wegrand laden kleine Cafés und Open-air-Konzerte bei der Sommerbar des Kulturzentrums „Südpol" zum Anhalten ein. Weiter durch das Naturschutzgebiet Allmend schlängelt sich der Weg durch winzige Schrebergärten, bis einem plötzlich der See entgegenglitzert. Mobile Familien auf Zweirädern teilen sich mit sportlichen Rentner-Formationen auf E-Bikes die Uferstraße und den Panoramablick auf den Pilatus, das Stanserhorn und den Bürgenstock. Vorteilhafterweise liegen die Schwimmsachen griffbereit im Fahrradkörbchen. Zahlreiche Badestellen reißen einen mit ihrem türkisblauen Wasser vom Hocker, oder besser gesagt vom Sattel. Die Tour führt weiter vorbei an malerischen Rebbergen, saftigen Wiesen und aufwendig restaurierten alten Villen. Besonders bei der Villa Krämerstein möchte die eine oder der andere direkt einziehen. Ab hier ist der Luzerner Stadtrand und somit das Ende der Tour nicht mehr weit entfernt.

Die rund einstündige Tour entlang des Vierwaldstättersees ist konditionell für alle machbar. Auch wenn der Großteil der Strecke eben verläuft, fordern kleinere Hügel zwischendurch die Wadenmuskulatur. Dafür ist die Abfahrt umso erfrischender. Auf dieser Fahrradtour ist es wie im Leben. Für eine rasante Abfahrt gilt es zwischenzeitlich etwas mehr in die Pedale zu treten.

- Fahrrad-Verleih, z.B. „Rent a bike" am Bahnhof Luzern (www.rentabike.ch) oder diverse Nextbike-Stationen (www.nextbike.ch)
- ÖPNV: diverse Linien, Haltestelle Bahnhof

Pflanzliche Superstars

63

Vegane Küche im Karls Kraut

Das Konzept hinter Karls Kraut ist einfach: So vielfältig wie die Gäste, so vielfältig wird auch gekocht. Egal ob Flexitarierin oder Veganer – im Karls Kraut sind alle willkommen. Das erste vegane Restaurant in der Stadt Luzern befindet sich am St. Karliquai zwischen Spreuerbrücke und Nölliturm und liegt direkt an der Reuss. Der Name des Restaurants ist eine Anlehnung an den Straßennamen und dessen Heiligen Karl von Borromäus. Dieser reitet im Logo von Karls Kraut mit Leichtigkeit auf einem Rucolablatt. Karl fliegt also wortwörtlich auf die pflanzliche Küche. Und diese besteht im Karls Kraut aus saisonalen, regionalen Produkten und Rohstoffen mit Bioqualität. Eine Küche, die ehrlich ist, gut schmeckt und zudem satt und glücklich macht.

Darf's ein warmer Dörrbohnen-Salat an einem Walnuss-Tahini-Dressing sein? Oder doch lieber ein Zitronengras-Tofuburger im Vollkornbun? Und weil für ein leckeres Dessert immer Platz im Magen ist, vervollständigt eine Tonkabohnen-Quarkschnitte mit frischen Erdbeeren die geschmackliche Reise. Am Mittag wählen die hungrigen Gäste zwischen zwei bis drei Menüs aus: Würzige Suppen, aromatische Wraps und cremige Currys lassen einem bereits beim Durchlesen der Speisekarte das Wasser im Mund zusammenlaufen. Am Abend ist die Speisekarte klein, überschaubar und mit allerlei kreativen Gerichten, welche saisonal ausgetauscht werden, gespickt. Was bei jedem Wechsel aber bleibt, ist eine außergewöhnliche Burger-Kreation, welche die Geschmacksknospen im Mund Salsa tanzen lässt. Auch das Interieur trägt zur warmen, wohligen Atmosphäre bei: Viele natürliche Materialien wie Holz, Stein oder Lehm wurden verbaut, Pflanzen und Blumen geben dem Raum einen urbanen Vibe. Die größte Überraschung erwartet aber die weiblichen Gäste. In der Frauentoilette befindet sich ein mit einer Glasscheibe bedeckter, metertiefer, unterirdischer Ziehbrunnen.

TIPP

Unbedingt den Haus-Eistee probieren!

● Karls Kraut, St.Karliquai 7, 6004 Luzern, Tel. +41 (0)41 5 34 77 77
www.karlskraut.ch
● ÖPNV: Bus 2, 9, 12, Haltestelle Kasernenplatz

Zeitreise ins Mittelalter

64

Die Altstadt mit ihren Fassaden-Malereien

Nichts strahlt so viel Glücksort-Charakter aus wie die Luzerner Altstadt. Auch wenn sie flächenmäßig eher überschaubar ist, ist ihre Anziehungskraft seit Jahrhunderten verblüffend groß. In den kleinen verwinkelten Gassen lässt es sich wunderbar ohne Ziel herumschlendern. Die historischen Häuser faszinieren mit ihren bunten, spätmittelalterlichen Fassaden-Malereien und den versteckten kunsthistorischen Details. Die malerischen Plätze lenken den Blick nach oben und lassen einen die kunstvolle Architektur einatmen.

Besonders lange lässt es sich auf dem Weinmarkt verweilen. Die reichen „al fresco"-Verzierungen an der Hausfassade des Renward-Cysat-Hauses verbildlichen die lange Apotheker-Vergangenheit des Gebäudes. Tatsächlich war hier die älteste Apotheke Luzerns einquartiert. Ebenso kunstvoll sind die beiden angrenzenden Häuser und das Mural „Hochzeit zu Kanaa" am Haus zur Sonne. In den Häusermauern rund um den Weinmarkt steckt viel Geschichte. Das mittelalterliche Marktgeschrei ist genauso hörbar wie die applaudierende Menge bei den damals hier vorgetragenen Osterspielen.

Wer den Blick endlich von der eindrucksvollen Szenerie lösen kann, kommt trotzdem nicht weit. Auf dem Hirschenplatz warten weitere meisterhafte Fassaden-Malereien sowie eines der letzten noch vorhandenen Hausschilder des alten Luzerns. Auf dem Rosengart-Platz wird der Blick magisch vom „Haus zur Gilgen" angezogen. Die Fassaden-Malerei auf dem Sternenplatz zollt dem Fasnachtsbrauch Tribut. Und der Mühlenplatz ist nicht nur der größte historische Platz in Luzern, er begeistert auch mit einem freien Blick auf die vorbeiziehende Reuss, die Spreuerbrücke und das prächtige Château Gütsch.

Auch wenn zwischen dem mittelalterlichen Getümmel und der modernen Gegenwart viele Jahrhunderte liegen, hat sich die Altstadt eigentlich nicht groß verändert. Noch immer erledigen Menschen hier ihre Einkäufe, feiern ausgelassen Fasnacht und verabreden sich für den neuesten Tratsch aus der Stadt.

TIPP

Luzern Tourismus bietet eine eigene Themenführung zum Thema „Fassaden-Malereien" an

● Altstadt, 6004 Luzern

● ÖPNV: Bus 1, 6, 7, 8, 14, 19, Haltestelle Schwanenplatz

Schlossidylle am Berg

65 Spaziergang zum Schloss Schauensee

Bereits beim Verlassen der Stadt Luzern sticht einem aus der Entfernung ein wundersames Schloss ins Auge. Auf einer Anhöhe über Kriens, umrahmt von grünen Hängen, thront das Schloss Schauensee am Fuße des Pilatus. Aus der Entfernung scheint es, als müsse zuerst ein magisches Portal durchschritten werden, um auf diese grüne Felsnase zu gelangen. Der Weg zu diesem geheimnisvollen Schloss aus dem 13. Jahrhundert ist zum Glück nur halb so wild, dafür doppelt so schön. Bei der Busstation „Pilatus Zentrum" gilt es, dem prominenten Wegweiser Richtung Talstation der Pilatusbahnen zu folgen. Die kleinen roten Gondeln rattern heute aber ohne uns auf den Gipfel. Der Weg schlängelt sich in breiten Kurven durch die üppigen grünen Wiesen, wo sich Kühe genüsslich den Magen vollschlagen und Grillen ihr abendliches Zirpkonzert zwischen den großen Kirschbäumen veranstalten.

Nach circa 20 Minuten Fußmarsch erhebt sich das Schlössli zwischen den Bäumen. Gelb-schwarze Fensterläden und ein schmucker Schlossturm, in welchem beinahe Rapunzels Haare herauszufallen scheinen, prägen die Szenerie. In der Mitte des kleinen Schlossgartens plätschert friedlich ein Brunnen, unter den Rosenbüschen schläft unbekümmert ein Kater und im Teich buhlt eine Geburtshelferkröte um die Aufmerksamkeit ihrer weiblichen Artgenossen. An der Holzfassade des angrenzenden Familienhauses wachsen Cherrytomaten, Krautstiel und Mais der Sonne entgegen und irgendwie wirkt die Zeit hier wie stillgestanden.

Die Krienser Bevölkerung liebt ihr Schlössli über alles und rettete 1963 mit ihrem bewegenden „Marsch nach Luzern" den Schlosshügel vor der Großüberbauung einer Immobilienfirma. Heute kann das denkmalgeschützte Schloss für private Anlässe gemietet oder an den regelmäßig stattfindenden Besuchstagen besichtigt werden.

- Schloss Schauensee, 6010 Kriens, Tel. +41 (0)41 3 29 64 69
www.schloss-schauensee.ch
- ÖPNV: Bus 5, Haltestelle Kriens, Zentrum Pilatus

Urbane Quartiervibes

66 Im aufstrebenden Bruchquartier

Früher wurde im Bruchquartier um die besten Tiere gefeilscht, heute handelt hier das lokale Kleingewerbe. Seit der Schließung des kantonalen Viehmarktes 1971 hat sich das Quartier ganz still und heimlich zu einem pulsierenden Trendquartier entwickelt. Das Bruchquartier stellt einen „Bruch" zum touristischen Teil der Stadt dar und überzeugt mit seiner Unaufgeregtheit, welche gleichzeitig bodenständig und inspirierend wirkt. Hier kann alles und muss nichts. Kleine, feine Läden florieren hier noch, einige sind seit vielen Jahren hier, andere nur auf der Durchreise. Besonders eindrücklich erstrahlt das Bruchquartier aber im Winter. Die „Bruchweihnachten" ist bereits über die Quartiergrenzen hinaus bekannt und beschenkt Luzern in der Vorweihnachtszeit mit einem Weihnachtsmarkt der etwas anderen Art. Restaurants, Ateliers, Läden und Institutionen aus dem Quartier öffnen ihre Türen, schenken dampfenden Glühwein aus, veranstalten kleine Konzerte und Vorführungen und bieten damit den Besucherinnen und Besuchern einen Weihnachtsmarkt für alle Sinne.

TIPP
Im Restaurant „Drei Könige" einkehren und sich königlich bekochen lassen.

Und so stehen zwischen Alltag, Espresso-Bars, Secondhand-Läden, nachhaltiger Mode, Shabby Chic, Schallplatten und veganen Cupcakes Menschen, welche für ihre Leidenschaft und ihr Handwerk brennen. Und dieses Gefühlt befällt einen schon beim ersten Schritt über die Ladenschwelle. Der persönliche Kontakt mit der Kundschaft steht an erster Stelle und auch zwischen den benachbarten Ladenbesitzerinnen und Ladenbesitzern wird ein freundschaftliches Verhältnis gepflegt. So wird zu einer gemeinsamen Kaffeepause an der Kreuzung zwischen Bruch- und Kasimir-Pfyffer-Strasse selten Nein gesagt. Fast schon so wie die Bauern früher, welche den Viehmarkt nicht nur als Einkommensquelle nutzten, sondern auch als Ort des Austausches.

- Bruchquartier, www.bruchquartier-luzern.ch
- ÖPNV: Bus 2, 9, 12, Haltestelle Hirzenhof

Alternative & Indierock
recent masterpieces

Nächster Halt: Reusszopf

67

Abkühlung für heiße Sommertage

Keine andere Schweizer Stadt ist derart in ein Meer von grünen Oasen eingebettet wie Luzern. Das zeigt sich einmal mehr im Reusszopf. Nur 10 Minuten Velofahrt oder 25 Minuten Spaziergang trennt das Stadtzentrum und das hippe Flussbett. Hier in der Luzerner Agglomeration Emmenbrücke mündet die Reuss in die kleine Emme und zaubert für Familien, Velofahrende und Spazierende ein Ort zum Ausruhen und Verweilen. Beim Anblick des modernen Spielplatzes erwacht das innere Kind, welches sogleich auf dem riesigen Holz-Piratenschiff herumturnen oder Wasser in der Gegend herumpumpen möchte. Bei niedrigem Wasserstand besitzt die Reuss nur eine gemächliche Strömung, so kommen auch Wasserscheue zu ihrer Abkühlung. Wer sich etwas länger den Fluss hinabtragen lassen möchte, steigt bereits beim Kasernenplatz ins Wasser und verlässt bei den markierten Ausstiegsstellen oder hier am Reusszopf wieder den Fluss.

TIPP
Unter der Woche oder am Abend kommen. Am Wochenende ist Familien-Rushhour.

Als Abschluss des „Reuss-Schwimmens" wartet ein kühles Getränk oder ein Snack in der Sommerbar „Nordpol". Der Mittagshunger kann mit vegetarischen Köstlichkeiten aus der Region gestillt werden und auch die überschaubare Abendkarte lässt keine Wünsche offen. Besonders lauschig ist die Sommerbar am Abend, wenn die Glühbirnen den Platz um die Buvette in ein zartes Licht tunken und sich heiteres Gelächter auf das schillernde Wasser legt. Auch wenn die Zugstrecke und die Autobahn den Reusszopf tangieren, büßt das Naherholungsgebiet nichts von seiner Idylle ein. Irgendwie hat es auch etwas sehr Entspanntes an sich, wenn allfällige Sorgen beim Anblick der vorbeifahrenden Züge weggetragen werden, während die Lippen genüsslich am Sommernachtsdrink nippen.

- Nordpol, Reusszopf, 6015 Luzern, www.nordpol.lu
- ÖPNV: Bus 2, Haltestelle Reussbühl, Schiff

Imposante Zeitzeugin

68

Die prächtige Villa Bellerive

Sie gilt als eine der prachtvollsten Privatvillen ihrer Zeit. Und trotzdem verirrt sich fast keine Menschenseele in die Villa Bellerive am Dietschiberg. Die Villa wurde im Stil der italienischen Neorenaissance erbaut und ist heute Teil der Pädagogischen Hochschule Luzern. Antike Dekorationselemente, Säulenkapitelle und Kopien antiker Statuen lassen den Glanz der Antike wieder aufleben. Wer besonders wachsame Augen hat, entdeckt das Motiv des Ginkoblattes überall: vom Mosaikfußboden, über die Tapeten bis zum Eisengeländer. Im ersten Stock öffnet sich das Gebäude in luftige Loggien, während darunter eine großzügige Freitreppe die Verbindung zum Bellerive-Park bildet.
Der englische Landschaftsgarten erstreckte sich früher den ganzen Hang bis an den See hinunter und verzückte nebst dem privaten Badehaus mit Schiffsanlegestelle, mit Orangerien, einem Entengarten, Brunnen, mystischen Grotten, Teichen und sogar einer Turnhalle. Einst soll sogar ein unterirdischer Fluchtweg zum See geführt haben. Besonders ausgeklügelt muss auch der Wasserlauf des Anwesens gewesen sein, der sich wie eine Lebensader quer durch den Park zog. Auf der Nordseite des Hauses verschwand ein Wasserfall in einer Grotte. Das Wasser schien unterirdisch durch das Gebäude hindurchzufließen und plätscherte durch einen Brunnen im Atrium wieder hervor, bevor es den Springbrunnen und die Tropfsteinhöhlen im unteren Garten erreichte. Von hier rauschte das Wasser über Wasserfälle in drei Teiche, bis es über einen sanften Bach den See erreichte. Leider ist heute von diesem Wasserspiel nicht mehr viel übrig. Die mit Efeu überwachsenen Arkaden beim Haupteingang erinnern vage an den einst zentralen Grottenbrunnen und auch das leere flache Becken im unteren Garten lässt die Pracht des früheren Springbrunnens nur erahnen. Der Bellerive-Park ist zwar etwas in die Jahre gekommen, hat aber nichts von seinem fesselnden Charme eingebüßt.

TIPP

Unter den knorrigen Bäumen finden sich Sitznischen zum Verweilen.

- Villa Bellerive, Bellerivestrasse 19, 6006 Luzern
- ÖPNV: Bus 6, 8, Haltestelle Dietschiberg

Ein Klub für alle Fälle

69

Bistro- und Kulturort Parterre

Das Café Parterre ist fester Bestandteil der Luzerner Neustadt und der lokalen Szene. Ob am Wochenende zum Brunch, am Mittag zum Lunch, um fünf zum Feierabendbier oder am Abend für eine Runde Billiard, im Lokal an der Mythenstrasse läuft immer was. Schwierig zu entscheiden, ob die mit dunkelgrünen Fliesen geschmückte Bar oder eher der lange Tisch in der Raummitte der wahre Eyecatcher im Parterre sind. Die Gespräche der Leute summieren sich in einer großen Geräuschwolke und vermischen sich mit der Indie-Musik, die aus den Boxen strömt. Im hinteren Teil des Cafés ist der Klub untergebracht, der nur von vereinzelten Lampen und Neonschriftzügen beleuchtet wird. Künstliche Pflanzen hängen von der Decke, einzelne Glühbirnen ragen aus der Wand und die nicht zu übersehenden Schrammen im dunklen Holzboden zeugen von einer wilden Vergangenheit. Die großen Perserteppiche kreieren eine gemütliche Atmosphäre in der Halbdunkelheit. Während am Tag Studierende konzentriert die Nasen in die Mathebücher stecken, werden zur Nacht Konzerte, Lesungen oder Comedy-Nights veranstaltet.

TIPP

Im Sommer draußen auf der kleinen Terrasse Platz nehmen.

Im Parterre verweilt es sich am glücklichsten ohne hohe Erwartungen. Hier wird das Alte und Alternative zelebriert. Ab und zu knirscht und pfeift es in einer Ecke. Die Spielkonsole blubbert völlig unerwartet eine Melodie hervor, manchmal fällt im Klub hinten die Deckenbeleuchtung aus und nur noch die Helligkeit der Laptopbildschirme erhellt den Raum. Authentischer wird's nicht. Das Parterre ist aber nicht nur wegen der ungezwungenen Atmosphäre so ein Hit in der Nachbarschaft. Im Café gibt es die besten Panini der Stadt, täglich ein frisch zubereitetes Mittagessen und für den kleinen Hunger zwischendurch locken verschiedene Pommes-Variationen. Wie zum Beispiel die „Nice Fries", eine Portion Pommes aus klassischen Kartoffeln und Süßkartoffeln an einer würzigen Rauchmayo.

● Parterre, Mythenstrasse 7, 6003 Luzern, Tel. +41 (0)41 2 20 20 43, www.parterre.ch
● ÖPNV: Bus 4, 6, 7, 8, Haltestelle Bundesplatz

BELSAZAR
Cocktails
&
Dreams

Flanieren mit Bergkulisse

70

Entlang der Luzerner Seepromenade

Bei dieser Kulisse bekommt sogar der größte Spaziermuffel Lust zum Flanieren. Der Luzerner Seeuferweg führt in 50 Minuten vom Bahnhof Luzern bis zum Hotel Seeburg. Alles entlang am Vierwaldstättersee, alles mit Blick auf die imposante Zentralschweizer Bergwelt. Unterwegs gibt es einiges zu bestaunen. Zum Beispiel die prunkvollen Luzerner Grand Hotels, in denen früher die französische Noblesse oder die russische Aristokratie durch die Ballsäle tanzte. Und mit etwas Vorstellungskraft trägt der Wind noch heute die heiteren Melodien vergangener Festtänze hinaus auf die Seepromenade. Viel realer, aber nicht weniger schön ist dafür die Konzertmusik beim Musikpavillon auf dem Kurplatz. Wer nicht noch für eine Runde Petanque bleiben will oder auf einer der zahlreichen Parkbänke unter den Rosskastanienbäumen verweilen möchte, flaniert weiter Richtung Carl-Spitteler-Quai. Immer wieder streifen schmucke Restaurant-Terrassen, wie das „Dolce Vita“ oder das „Tivoli“ die Promenade und animieren die Leute, einen Happen zu essen.

Ab dem Yachtclub lässt das bunte Treiben auf dem Seeuferweg langsam nach. Gemütliche Parkbänke laden zum Ausruhen ein, auf der Rössliwiese spielen Freunde Federball und am Seeufer des General Guisan Quais turteln verliebte Paare mit den Tauben um die Wette. Schon bald ist die große Wiese vor dem Verkehrshaus Luzern in Sichtweite und das Strandbad Lido lockt mit einem Sprung in den See. Neben den hier ansässigen Graugänsen vergnügen sich auch Kinder jeglichen Alters auf der Rasenfläche. Wer sein Flanier-Kontingent ausgeschöpft hat, nimmt von hier den Bus, oder bei sorgfältiger Programmplanung, das Schiff zurück in die Stadt. Der Seeuferweg findet anschließend beim Hotel Seeburg seinen offiziellen Abschluss. Hier bleibt den Spazierenden fast nichts mehr anderes übrig, als in der Sunset Bar auf den gemütlichen Ausflug anzustoßen.

TIPP

Unterwegs für ein leckeres Eis halten. Zum Beispiel bei Amorino.

- Luzerner Seeuferweg, Schweiz Mobil Route 560
- Amorino, Schweizerhofquai 6, 6004 Luzern
- ÖPNV: Start am Bhf Luzern, Rückreise zum Bhf mit Bus 24 ab Haltestelle Seeburg

La Dolce Vita

71 Das Leben genießen im Helvetiagärtli

So geht Dolcefarniente in Luzern. Während das Helvetiagärtli früher als Flanierpark mit Springbrunnen genutzt wurde, wird heute im Schatten alter Bäume genüsslich Espresso geschlürft, ein traditionelles Gericht verzehrt und auf das Leben angestoßen. Bistro-Tische versprühen Pariser Flair, während das fröhliche Gelächter der Menschen an die großen Piazzen von Florenz erinnert. Der helle Kiesboden in Kombination mit den hohen Kastanienbäumen verleihen dem gemütlichen Platz vor allem im Sommer ein mediterranes Flair. Egal ob zum Brunchen, für den Business-Lunch, zu Kaffee und Kuchen mit den Eltern oder zum Feierabend-Apéro mit Freunden, das Helvetiagärtli ist der perfekte Treffpunkt für jede Tageszeit. Dank der optimalen Beschaffenheit des Untergrundes pilgern auch gerne Anwohnende für eine Runde Boule oder Boccia ins Helvetiagärtli. Dass in der Nähe des Parks gleich eine der Hauptverkehrsachsen durchführt, scheint in den Gartenrestaurants keiner zu bemerken und schon gar keine lässt sich von einem Glas prickelnden Rosé oder einem Stück Kuchen abhalten.

Nebst den hübschen und beliebten Gartenrestaurants ist das Helvetiagärtli für seinen kleinen, feinen Samstagsmarkt bekannt. Tagesfrischer Fisch, regionaler Käse und natürlich Gemüse in Bioqualität warten auf die morgendlichen Marktgäste und deren Einkaufskörbe. Wer regelmäßig durch das pulsierende Neustadtquartier streift, bemerkt auch die ständigen Veränderungen im Helvetiagärtli. Plötzlich wird wieder ein Bücherfenster aufgebaut, ein Mini-Festival findet statt oder das Gastro-Pop-up im Ecken bietet eine neue Köstlichkeit an. Das Helvetiagärtli ist DER Treffpunkt im Neustadtquartier, wo sich La Dolce Vita und das Glück auf einen Kaffee treffen.

TIPP

In der Cafébar Salü trinkt sich der Espresso ganz klassisch stehend an der Bar.

- Helvetiaplatz, Bundesstrasse, 6003 Luzern
- Café Bar Salü, Waldstätterstrasse 5, 6003 Luzern, Tel. +41 (41) 210 67 77
- ÖPNV: Bus 4, 6, 7, 8, Haltestelle Bundesplatz

Herbst für alle Sinne

72 Spaziergang zum namenlosen Sonnenbergsee

Dass die Spaziergänge auf dem Sonnenberg magisch sind, ist schon lange kein Geheimnis mehr. Trotzdem kennen nur wenige den malerischen Weiher unterhalb des Schwyzerhüsliwegs. Besonders eindrucksvoll ist der Spaziergang zu diesem namenlosen Sonnenbergsee im Herbst, wenn sich alle Sinne an der frischen Waldluft und der farbenfrohen Landschaft ergötzen können. Start des Spaziergangs ist bei der Bushaltestelle Obergütsch.

Eine schmale Treppe aus einzelnen Holzstämmen führt über einen roten Laubteppich und unter einem gelben Blätterdach hindurch, direkt auf einen Hügel. Statt weiter geradeaus Richtung Hotel Sonnenberg zu laufen, biegen wir rechts ab und folgen dem kunterbunten Waldrand, bis wir das Quellwasserwerk Sonnenberg erreichen. Das bunte Laub raschelt unter den Herbststiefeln, ab und zu ertönt das Knacken eines morschen Astes. Der blaue Himmel und die sanft wärmende Sonne erhellen das Gemüt und das Vitamin D saugt sich regelrecht in die Körperzellen. Wir folgen dem Schwyzerhüsliweg bis zur ersten Abzweigung und biegen dann links in eine Allee aus hohen Laubbäumen ein. Die orangefarbenen Baumkronen bilden einen leuchtenden Kontrast zu den grünen Nadelbäumen und dem sanft auf und ab verlaufenden, mit roten Blättern bedeckten Waldweg. Die Feuchtigkeit des Morgentaus hängt nur noch dezent in der frischen Herbstluft. Unser Herbstspaziergang führt uns noch einmal kurz in die Gegenrichtung zurück, bevor sich der unscheinbare Weiher auf einer Waldlichtung zeigt. Völlig unaufgeregt, umrahmt von gelb, orange und rot eingefärbten Waldpflanzen. Nur noch einzelne Sonnenstrahlen finden den Weg durch das lockere Blätterdach und in den sonnenarmen Mulden liegt der Morgentau noch unberührt da. Auf einer der Bänke nehmen wir Platz und spüren mit all unseren Sinnen dem Herbst nach.

● Sonnenberg, 6010 Kriens
● ÖPNV: Bus 10, Haltestelle Obergütsch, Spaziergang Richtung Quellwasserwerk Sonnenberg

360 Grad an 365 Tagen

73 Kino, Kultur und Geschichte im Bourbaki

Im Bourbaki dreht sich alles um Kultur und Geschichte – wortwörtlich. Beim Betreten des Rundbaus beim Luzerner Löwenplatz sticht einem zuerst die Bourbaki Bar ins Auge. Rund um die Bar ist ein buntes Gemisch an Holztischen, schwarzen Sofas und bunten Designerstühlen angeordnet, auf welchen arbeitende Studierende, kaffeeschlürfende Freunde oder kichernde Familien Platz finden. Griechisch wirkende Säulen aus Beton und Messing trennen den Raum und die Kunsthalle Luzern, die sich hier eingemietet hat, liefert mit ihren wechselnden Ausstellungen einen bunten Ort für vielfältiges, aktuelles Kunstschaffen. Doch das Beste an der Bourbaki Bar bleibt der denkmalgeschützte Drehkranz, ein Überbleibsel aus den 1920er-Jahren, als das Erdgeschoss noch als topmoderne Garage verwendet wurde. Heute drehen sich zwar keine Autos mehr im Kreis, dafür bewegt sich das gesamte Café im Schritttempo um die fest verankerte Bar. Ein Karussell der Gefühle kann aber auch das Untergeschoss des Bourbakis auslösen. Eingebettet in rote Backsteinziegel ist hier das Bourbaki Kino zu Hause. Große Blockbuster fehlen auf dem Kinoprogramm. Viel mehr werden in den vier kleinen Kinosälen Nischenfilme und Kleinproduktionen in Originalsprache gezeigt. Vom österreichischen Horrorfilm bis hin zur französischen Komödie – im Programm finden Kinobesucherinnen und -besucher gesellschaftskritische, geistig herausfordernde, aber auch unterhaltsame Filme.

Im Obergeschoss befindet sich das europäische Kulturdenkmal „Bourbaki Panorama". Das Historienrundbild erinnert an die Internierung von rund 87.000 französischen Soldaten im Winter 1871: Die vom Krieg gezeichneten Soldaten werden von der Schweizer Zivilbevölkerung medizinisch versorgt und in Schweizer Gemeinden untergebracht. Noch heute besitzt das von Edouard Castres gemalte Rundbild brennende Aktualität, zeigt es doch auf, wie kulturelle Grenzen aufgebrochen werden und Zivilgesellschaft, Staat und Hilfswerke solidarisch Hilfe suchende Menschen aufnehmen können.

- Bourbaki Kino/Bar, Löwenplatz 11, 6004 Luzern, Tel. +41 (0)41 419 99 99
www.kinoluzern.ch
- ÖPNV: Bus 1, 19, 22, 23, Haltestelle Löwenplatz

3 BOURBAKI
ANNETTE

Dem Wasser nach

74 Entspanntes Verweilen auf der Rössliwiese

Luzern ist die Stadt, wo sich der Vierwaldstättersee sanft ans Ufer schmiegt und die Menschen das Flanieren am See perfektioniert haben. Hier lebt es sich ganz nach dem Motto: immer schön dem Wasser nach. Es ist eine innige Liebe, welche die Einheimischen mit ihrem Vierwaldstättersee verbindet. So tauchen auch beim Spazierengehen immer wieder Plätze auf, welche derart idyllisch am Wasser gelegen sind, dass das Flanieren für einen kurzen Moment unterbrochen wird. Innehalten und durchatmen. Ein solcher Glücksort zum Verweilen stellt die Rössliwiese dar. Beim Verlassen der Rosskastanienallee begrüßen einen bereits die hohen, schlanken Bäume des Carl-Spitteler-Quais. Im Frühling bepflanzt die Stadtgärtnerei die Rabatte rund um die Rössliwiese wieder mit frischen bunten Blumen und der Park erwacht zu neuem Leben. Anwohnende liegen im Sommer nach einem kühlen Bad im See faul auf der Wiese und genießen die wärmende Sonne. Freunde treffen sich zum Ballspielen und Picknicken. Und auf den Parkbänken zwischen den Bäumen schauen sich Paare verträumt in die Augen und vergessen dabei fast die wunderschöne Aussicht vor ihrer Nase. Ein mächtiger Pilatus, der sich auf der gegenüberliegenden Seite hinter dem Sonnenberg erhebt, und elegante Salondampfer, welche lautlos über das türkisblaue Wasser gleiten und sich zum Anlegen in der Stadt bereit machen. Von hier versinkt der Blick tiefenentspannt am Horizont, welcher sich zwischen den fjordartigen Ausprägungen der Berge verliert.

Wer dem Ruf der Berge folgen will, schlüpft in die mitgebrachten Badesachen und lässt sich vom kühlen Nass in Empfang nehmen. Anschließend gibt es fast nichts Schöneres, als sich auf einem großen Badetuch ins Gras zu legen und den Wassertropfen beim Verdunsten auf der Haut zuzusehen.

TIPP

Familien mit Kindern erfreuen sich am aussichtsreichen Spielplatz neben der Rössliwiese.

- Rössliwiese, 6000 Luzern
- ÖPNV: Bus 6, 8, Haltestelle Europe

Ruhiger Hafen

75

Stille tanken in der Franziskanerkirche

Die Außenwelt kann der Franziskanerkirche nichts anhaben. Rundherum wuselt der Verkehr, das Leben und die Menschen der Stadt Luzern. Die Wogen der Aufregung prallen an den schlichten Kirchengemäuern ab und hinterlassen sanfte Wellen, die friedlich über den weiten Franziskanerplatz schwappen. Die Kirche wurde 1270 erbaut und gehört damit zu den ältesten Kirchen der Stadt und zu den wichtigsten gotischen Bauwerken des Kantons Luzern. Im Gegensatz zu ihrer berühmten Nachbarin, der Jesuitenkirche, fasziniert sie nicht mit euphorischem Prunk, sondern mit Zurückgezogenheit und Ruhe. Diesen ruhigen Hafen wissen auch die Pilgerinnen und Pilger des Jakobswegs zu schätzen. Nicht ohne Grund ist die „St. Maria in der Au", wie die Franziskanerkirche auch genannt wird, eine Station auf der „Via Jacobi" und eine besonders friedliche Wallfahrtsstätte.

TIPP

Für das Apéro im urigen Restaurant Stern einkehren.

Von der turbulenten Obergrundstrasse führt eine relativ enge Pflastersteinstraße vorbei am grünen „Franziskanergärtli" auf den weiten Franziskanerplatz. Links reihen sich die schmalen Gebäude der ehemaligen mittelalterlichen Stadtbefestigung in milden Pastelltönen und Beigenuancen nebeneinander. Das Zentrum bildet der stolze Franziskusbrunnen, welcher mit seinem achteckigen Becken fast unmerklich mit dem gleichfarbigen Platz zu verschmelzen scheint. Rund um den Brunnen genießen die Gäste die luftige Restaurant-Terrasse des Hotels Schlüssel. Bei einem ungezwungenen Schwatz mit einer Tasse duftendem Kaffee lassen sich die Franziskanerkirche und die davor vorbeilaufenden Menschen noch besser beobachten. Besonders magisch ist die Atmosphäre auf dem Franziskanerplatz aber beim Einsetzen der Abenddämmerung: wenn lilafarbene Wolken wie Zuckerwatte am Himmel kleben und sich ein orangefarbener Film auf die Altstadtdächer und die Franziskanerkirche legt.

- Franziskanerkirche, Franziskanerplatz 1, 6003 Luzern
- ÖPNV: Bus 2, 12, Haltestelle Pilatusplatz

76 Wandern auf dem Waldstätterweg

Keine andere Schweizer Stadt genießt das Privileg, so urban und gleichzeitig so naturverbunden zu sein wie Luzern. Aussichtsreiche Wanderwege sind nur einen Katzensprung von der Stadt entfernt, die Zentralschweizer Alpen zum Greifen nah. Wandern ist also ein Muss in Luzern. Besonders attraktiv ist die Etappe 7 des Waldstätterweges. Der gesamte Waldstätterweg führt in sieben, zusammen mit der Partnerroute „Weg der Schweiz", in neun Etappen rund um den malerischen Vierwaldstättersee. Also, Wanderschuhe schnüren und los geht's!
Start der rund viereinhalbstündigen Wanderung ist das Dorf Beckenried. Wer spektakulär anreisen möchte, wählt das Schiff ab Luzern und startet sein Abenteuer mit Fahrtwind im Haar. Ab Beckenried führt die Uferstraße entlang am See nach Risleten. Nach rund vier Kilometern öffnet sich die Landschaft und eine herrliche kleine Bucht mit türkisfarbenem Wasser erscheint. An der steilen Felswand üben sich Kletterbegeisterte, eine Familie grillt an der Feuerstelle. Einige Meter neben der Bucht kommt das Rauschen des Risleten-Wasserfalles bereits näher. Es schäumt und spritzt, während sich das Wasser durch die Risletenschlucht frisst und sich dann tosend in die Tiefe stürzt. Eine willkommene Abkühlung an einem heißen Sommertag. Nach einem kurzen, aber steilen Treppenaufstieg ist der anstrengendste Teil der Wanderung dann auch geschafft. Von hier führt der Weg immer weiter Richtung Treib. Durch schattige Wälder, offene Wiesen und immer mit den majestätischen Mythen im Blick und dem Vierwaldstättersee als treuer Wanderbegleiter an der Seite. Die Wanderung endet schließlich beim Rütli am Urnersee und mit Sicht auf den Fronalpstock. Und bis das Schiff nach Luzern eintrifft, lassen sich die müden Wanderfüße wunderbar im klaren Wasser abkühlen.

TIPP

Nach dem Wasserfall beim Aussichtspunkt picknicken mit tollem Blick auf die Bucht und die Kletterwand.

- Waldstätterweg, Etappe 7 Beckenried–Rütli, www.luzern.com/waldstaetterweg
- ÖPNV: Schiff nach Beckenried oder Zug nach Stans, Bus 311 nach Beckenried, Boden

Wärmende Sonnenstrahlen

77 Sonne und Aussicht tanken am Rathausquai

Wenn sich die Sonne hinter den Wolken zeigt und die Leuchtenstadt mit Sonnenschein und Wärme versorgt, dann füllt sich der Rathausquai mit sonnenhungrigen Menschen und Sonnenanbeterinnen. Wer möchte, kann auf einer der zahlreichen Restaurant-Terrassen Platz nehmen. Während guter Wein inklusive Apéro-Platte im „La Bonne Cave" serviert wird, kehren Bierliebhaberinnen und -liebhaber ein paar Häuser weiter vorne in der „Bierliebe & Friends" ein. Viel gemütlicher ist es aber fast auf der Rampe, welche seicht in die Reuss führt. Die teilweise zuoberst installierten Baumstämme laden zum Sitzen und Verweilen ein. Wer die Füße in die kalte Reuss halten will, rutscht etwas tiefer oder benutzt eine der schmalen Treppen, welche direkt ins Wasser führen. Vorausgesetzt die Treppenstufen werden nicht gerade von dösenden Enten besetzt.

Es ist immer wieder ein spannender Anblick, hier die Vielfalt an sich sonnenden Menschen zu beobachten. Geschäftsleute genießen mit Kopfhörer in den Ohren ihr Mittagessen, Freundinnen treffen sich mit einem Take-away-Kaffee in der Hand zum Plaudern und am Abend finden sich Freundesgruppen mit Snacks und guter Laune zum Feierabendbier ein. Kein Wunder, dass die Rampe so beliebt ist. Schließlich ist die Aussicht auf die vorbeifließende Reuss, die Kapellbrücke und die Jesuitenkirche wahrlich überragend. Und sogar der Pilatus ragt stolz hinter den Häuserzeilen hervor. Besonders schön ist die Szenerie am Morgen, wenn die Stadt langsam aufzuwachen scheint und der Quai noch fast menschenleer ist und natürlich am Abend, wenn der Pilatus im Einklang mit dem Sonnenuntergang immer orangefarbenere Kanten bekommt. Im Winter ist das Sitzen auf den Steinen zwar nicht mehr ganz so gemütlich, dafür erleuchtet die Weihnachtsdekoration die Promenade. Und wenn sich dann doch an einem kalten Wintertag die Sonne zeigt, dann fläzen sich alle Menschen gleich wieder wie sonnenhungrige Katzen auf der Rampe.

● Rathausquai, 6004 Luzern

● ÖPNV: Bus 1, 6, 7, 8, 14, 19, Haltestelle Schwanenplatz

Wein mit Aussicht

78

Weingenuss auf dem Bio-Weingut Sitenrain

Die Aussicht ist fantastisch, der Wein ebenso. Das Bio-Weingut Sitenrain in Meggen hat sich auf die Produktion von Bioweinen spezialisiert und ist damit weit über die Luzerner Kantonsgrenzen bekannt. Mit schönster Aussicht auf den Vierwaldstättersee gedeihen auf dem kleinen Weingut die weißen Sorten Solaris und Souvignier Gris sowie mit Maréchal Foch und Cabernet Cortis zwei ausgewählte rote Sorten. Für Betriebsleiterin und Winzerin Nora Breitschmid ist „bio" aber nicht einfach eine Zertifizierung – es ist ein Lebensgefühl, das jeder Mitarbeitende auf dem Weingut liebt und lebt.

Die ausgewählten Trauben sind besonders robust und trotzen so den suboptimalen klimatischen Bedingungen. Mit viel Liebe, Handarbeit und Innovation werden mit neuen Sorten moderne Weine gekeltert. Und dieser Mut zahlt sich aus: 2015 gewann der Weißwein der Sorte Solaris den Schweizer Bio-Weinpreis als bester Weißwein. Die hochwertigen Sitenrain-Weine sind aber nicht nur in der lokalen (Spitzen-)Gastronomie anzutreffen. Weinliebhaber und Weinkennerinnen können jeweils am Samstag das Weingut auf der sonnigen Anhöhe besuchen und gemeinsam mit dem Sitenrain-Team ausgewählte Flaschen degustieren und natürlich auch erwerben. Gegenüber vom Hofladen lockt der kleine Selbstbedienungsladen mit Köstlichkeiten, wie frischer Mandarinen-Marmelade oder getrockneten Orangenschalen aus Sizilien. Natürlich ebenfalls bio und von der Familie Breitschmid-Heiniger produziert. Doch wozu die Eile? Am besten gleich für ein Glas Weißwein, Rotwein oder Rosé auf der Open-Air-Weinterrasse Platz nehmen und mit lokalem Käse und Bio-Chutney die untergehende Sonne über den Rebbergen auskosten. Darf's ein Glas vom aromatischen Solaris sein oder doch eher vom mineralischen Souvignier Gris?

TIPP

Das ganze Biowein-Sortiment der Familie bei einer exklusiven Degustation genießen.

- Bio-Weingut Sitenrain, Sitenstrasse 6, 6045 Meggen, Tel. +41 (0)41 3 77 37 70 www.sitenrain.ch
- ÖPNV: Bus 24, Haltestelle Meggen, Lerchenbühl

Flauschige Turmwächter

79 Stallduft auf dem Kulturhof Hinter Musegg

Sie weiden vor einer der spektakulärsten Überreste mittelalterlicher Baukunst – und sehen sie aufgrund ihrer zu langen Stirnfransen nicht einmal. Die Rede ist von den zotteligen Schottischen Hochlandrindern des Kulturhofs Hinter Musegg. Der Biobetrieb kultiviert seit knapp 400 Jahren das Land hinter der Museggmauer. Ein Bauernhof mitten in der Stadt? Das gibt es auch nur in Luzern.

Nebst den flauschigen Rindern wohnen auch hübsch frisierte Appenzeller Spitzhaubenhühner, neugierige Alpakas, zuckersüße Minischweine und Zwergziegen auf dem Gelände des Biobetriebs. Hochstammbäume mit seltenen Apfel- und Birnensorten säumen das Grundstück und erfüllen die Landschaft hinter der Mauer im Frühling mit einer weißen Blütenpracht. Als besondere Spezialität baut der Bauernhof Mispeln an. Die gelbbraunen Früchte verarbeitet das Hofteam in aufwendiger Arbeit jeden November zu köstlichen Chutneys, Schnaps oder Sirup. Diese Leckereien werden zusammen mit Früchten, Gemüse, Eingemachtem, Eiern und vielen weiteren Bioköstlichkeiten im Hofladen angeboten. Wer diese heimischen Produkte gleich vor Ort probieren möchte, schnappt sich einen Platz in der „Hofbeiz". Egal ob zum Brunch mit Rösti und Speck auf dem Feuerring, am Nachmittag zum hofeigenen Museggbier oder für ein mehrgängiges Abendmenü: Der Kulturhof tischt nur Produkte aus der hauseigenen Produktion oder von umliegenden Biohöfen auf.

Auch kulturell setzt sich der Kulturhof Hinter Musegg für die Vielfalt in Luzern ein. Die ehemalige Heubühne wurde zum Schauplatz für Konzerte, Theaterstücke und Lesungen umgestaltet und auch das Open-Air-Kino und das Sommerfestival findet regen Anklang bei der Luzerner Stadtbevölkerung.

Und während einem beim „Hofzmorge" (Hoffrühstück) Ueli der Hahn um die Beine streift und dicke Hummeln zufrieden ihre Runden ums Blumenbeet drehen, ist schnell vergessen, dass sich der Bauernhof eigentlich mitten in einer Stadt befindet.

- Kulturhof Hinter Musegg, Diebold-Schilling-Strasse 13, 6004 Luzern
  www.hinter-musegg.ch
- ÖPNV: Bus 9, Haltestelle Bramberg, Bus 2, 12, Haltestelle Kasernenplatz

KOMM REIN
• HÄNDE DESINFIZIEREN
• NUR SITZEND KONSUMIEREN
• KONTAKTDATEN ERFASSEN
• MAX 4 PERS. PRO TISCH
DANKE & VIEL VERGNÜGEN

Wo Luzerns Herz schlägt

80

Gütsch, das Neuschwanstein der Innerschweiz

Das märchenhafte Château Gütsch, das unübersehbar auf einer Anhöhe im Westen der Stadt thront, begeistert mit seinem Belle-Époque-Stil: ein pittoresker Traum in Weiß, welcher architektonisch nach dem Vorbild des bayerischen Schlosses Neuschwanstein errichtet wurde. Die charakteristische Silhouette mit ihren spitzen Türmen und Erkern ragt stolz aus dem grünen Baumkronenmeer des Gütschwaldes heraus und vermag nebst den Stadtbewohnenden auch Königinnen, Diplomaten und Weltstars zu begeistern. Queen Victoria von England hatte zwar in der blauen „Pension Wallis" neben dem Gütsch genächtigt, nichtsdestotrotz ist wohl eines der schönsten Hotelzimmer im Gütsch nach ihr benannt. In der QueenVictoria Suite genießen Hotelgäste eine frei stehende Badewanne auf Klauenfüßen, eine königliche Atmosphäre mit kostbarer Blumentapete und natürlich eine faszinierende Aussicht über die gesamte Stadt Luzern inklusive saphirblauem Vierwaldstättersee. Selbstverständlich sind auch das Restaurant und die Gütschbar nicht minder pompös eingerichtet.

Wer nur einen wohligen Kaffee, den perfekten Fotospot und noch einen Hauch Kunst sucht, ist hier aber auch an der richtigen Adresse. Von der breiten Aussichtsplattform des zeitgenössischen Skulpturenparks wandert der Blick über die Türme der Museggmauer, die braunen Dächer der Altstadt und die scharfen Gipfel der Zentralschweizer Berglandschaft. Wer es besonders romantisch mag, besucht den Gütsch bei Sonnenaufgang und beobachtet, wie sich der goldige Ball an der Rigi vorbeischiebt. Das geht am bequemsten mit der historischen Gütschbahn, welche fast den ganzen Tag die Gäste unbeschwert von der Baselstrasse ins Schlosshotel befördert.

Das Romantischste am Château Gütsch bleibt aber wohl das große rote Herz im Skulpturenpark, das mit pulsierenden Bewegungen regelrecht für die schönste Stadt der Schweiz zu schlagen scheint.

TIPP

Vom Gütsch führt ein schöner Wanderweg durch den Gütschwald auf den Sonnenberg.

- Hotel Château Gütsch, Kanonenstrasse, 6003 Luzern, Tel. +41 (0)41 2 89 14 14 www.chateau-guetsch.ch
- ÖPNV: Bus 2, 12, Haltestelle Gütsch, dann mit Standseilbahn hinauffahren

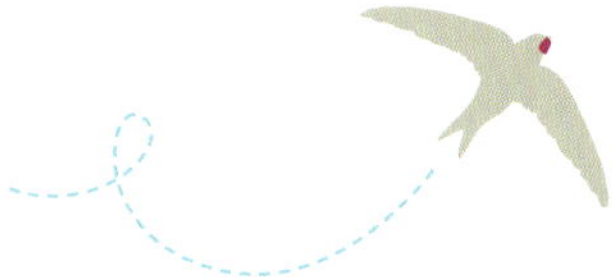

Für Mamma und Papa, Loris, Aline, Dani
und alle, welche mich bei der Umsetzung
dieses Buches unterstützt haben.
Und natürlich für Lozärn, mein geliebtes Zuhause.

Bibliografische Informationen der Deutschen Nationalbibliothek
Die Deutsche Nationalbibliothek verzeichnet diese Publikation in der Deutschen Nationalbibliografie; detaillierte bibliografische Daten sind im Internet über http://dnb.d-nb.de abrufbar.

Konzeption/Satz: Droste Verlag, Düsseldorf
Einbandgestaltung und Illustrationen: Britta Rungwerth, Düsseldorf, unter Verwendung von Bildern von © Fotolia.com: jd - photodesign.de; © iStock: Plociennik Robert
Fotos: Laila Bosco

FSC www.fsc.org MIX Papier aus verantwortungsvollen Quellen FSC® C011279

Druck und Bindung: LUC GmbH, Greven
ISBN 978-3-7700-2176-5

www.droste-verlag.de